EV YAPIMI BURGER KUTSAL KİTAP

Dünyanın en iyi fast food restoranlarından 100 tarif çıtır, lezzetli burgerler için

Özlem Korkmaz

© COPYRIGHT 2021 TÜM HAKLARI SAKLIDIR

Bu belge, ele alınan konu ve konuyla ilgili kesin ve güvenilir bilgi sağlamaya yöneliktir. Yayın, yayıncının muhasebe, resmi olarak izin verilen veya başka bir şekilde nitelikli hizmetler vermesi gerekmediği fikriyle satılmaktadır. Yasal veya profesyonel tavsiye gerekiyorsa, meslekte deneyimli bir kişi sipariş edilmelidir.

Bu belgenin herhangi bir bölümünün elektronik veya basılı formatta çoğaltılması, çoğaltılması veya iletilmesi hiçbir şekilde yasal değildir. Bu yayının kaydedilmesi kesinlikle yasaktır ve yayıncıdan yazılı izin alınmadıkça bu belgenin herhangi bir şekilde saklanmasına izin verilmez. Tüm hakları Saklıdır.

Uyarı Sorumluluk Reddi, Bu kitaptaki bilgiler, bilgimiz dahilinde doğru ve eksiksizdir. Tüm tavsiyeler, yazar veya hikaye yayıncısı adına garanti verilmeden yapılır. Yazar ve yayıncı, bu bilgilerin kullanımıyla bağlantılı olarak sorumluluk kabul etmemektedir.

İçindekiler

GİRİİŞ 7
ANA DİL 7
1. Pastırma ve avokadolu burger 8
2. Burger İtalyan 10
3. Amarant-Burger 12
4. Kuzu Pirzola Burgerleri 14
5. Hamburger Köftesi Tarifi 16
6. Sauerland BBCrew'da Bahar Burger 17
7. Yunan burgeri 20
8. Biftek burger lüks 21
9. Çekilmiş dana burger 23
10. Kahvaltı burgeri 24
11. Biberli Bacon Reçel Burger 25
12. Oktoberfest burgeri 27
13. Sosisli burger 29
14. Çift etli burger 30
15. Biberli çizburger 32
VEJETARYAN TARİFLERİ 33
16. Burger çörekler 34

17. Gevrek Fındıklı Burger 36

18. Beetle fasulyeli vejetaryen burger 38

19. sebzeli burger 40

20. Kestane burger 42

21. Vitaminli hamburger 44

22. Burger topuzu 46

23. Vejetaryen burgerler 47

24. Beetle fasulyeli vejetaryen burger 49

25. Peynirli kök sebzeli burger 51

26. Falafel burgeri 53

27. Muzlu Hindistan Cevizi Burger 55

28. Biberli patates kızartması ile özensiz burger 57

29. Havuçlu ve cevizli karabuğday burger 60

30. Çilekli tavuk burger 61

31. Keçi Peynirli Hurma Burger 65

32. Keçi camembertli kuzu burger ve 67

nar 67

33. Izgara sebzeli Hellim burger ve 70

tabbouleh 70

34. Nane yoğurtlu bebek falafel burger 73

salatalık 73

35. Ratatouille ve mavili kuzu burger 75

36. Yaban domuzu burgeri 78

37. Sörf ve Çim Burger 80
38. Çekilmiş Hindi Burger 83
39. Kepekli tost üzerine gratenli burger 85
40. Tavuklu waffle burger 87
41. Kenevir unlu hamburger ekmeği 89
42. Ton balıklı burger 92
43. Pastırma burgeri 94
44. Yaz burgeri 96
45. Yeşil Büyülü Kaplumbağa Burger 98
SEBZE BURGER 99
46. Suşi burgeri 100
47. Peynirli ve domuz pastırmalı burger 102
48. Yeşil Spelled Burger 106
49. Fasulyeli ve nohutlu burger 108
50. Mantar, peynir, kereviz ve elmalı burger 109
51. Tofu polenta burgeri 111
52. Quinoa ve sebze burgerleri 113
53. Tofu-Burger 115
54. Domates soslu hamburger 118
56. Izgaradan nohut burger 120

57. Sebzeli çizburger 123
58. Nohut köfteli vegan burger 124
59. Salatalı mantarlı soğanlı hamburger 127
60. Mercimek Burger 129
61. Soya burgeri 132
62. Fasulye, biber ve patates burgerleri 134
63. Peynirli ve patatesli burgerler 136
64. Kırmızı lahanalı biftek burger 139
65. Peynir ve pide burgerleri 141
66. Avokado, peynir ve pancarlı burger 143
67. Mantarlı burger 145
68. Pide ve sebzeli hamburgerler 147
69. Hint burgeri 149
70. Domatesli ve zeytinli burger 150

MÜKEMMEL BİR ATIŞTIRMA TARİFİ 152

71. Fonksiyonel Hamburger 153
72. Yulaf ezmesi ile tavuk burgerini yerleştirin 154
73. Salatalıklı domuz burgeri 156
74. Kinoalı Dana Burger 158
75. yengeç burgeri 159
76. Doritoslu Hamburger 162
77. Vejetaryen burgerler 165
78. soğan halkalı barbekü burgeri 166

79. Ev Yapımı Tavuk Burger Tarifi 169
80. Beetle fasulyeli vejetaryen burger 170
81. Ev Yapımı Hamburger 173
82. Kabak Burgerleri 175
83. fasulye burger 177
84. Kenevir unlu hamburger ekmeği 178
85. Ton balıklı burger 180
86. Pastırma burgeri 182
87. Shimeji burgeri 184
88. Muzlu Hindistan Cevizi Burger 186
89. Falafel'de Hamburger 188
90. Glutensiz Pirinç ve Havuç Burger 190
91. Avokadolu havuç ve susamlı burger 192
92. Pancar ve cevizli yulaf ezmeli burger 194
93. Hindi ve salatalık burgeri 196
94. Hamburg klasikleri 198
95. Akdeniz atıştırmalık burgeri 199
96. Sarımsaklı mayonezli tavuk burger 200
97. Lüks biftek burger 203
98. Falafel burgeri 205

99. Peynir ve pide burgerleri 207
100. Hellim burger 209
ÇÖZÜM 211

GİRİİŞ

Hamburger, hazırlaması en basit yemeklerden biri olduğu kadar, en hızlı ve en kolay tüketilen yemeklerden biridir, bu yüzden bu kadar geniş bir takipçi kitlesine sahiptirler! Sandviçin içindeki baharatları ve malzemeleri değiştirerek çok çeşitli hamburgerler yapabilirsiniz. Çeşitli baharatlara ek olarak, kümes hayvanları, sığır eti, domuz eti ve hatta vejeteryan hamburgerler gibi hamburgerleri yapmak için farklı et türleri kullanabiliriz. Bu kitapta ağzınızı sulandıracak çeşitli hamburger tarifleri bulacaksınız!

ANA DİL

1. Pastırma ve avokadolu burger

içindekiler

- 400 gr dana kıyma (yağsız)
- tuz
- biber
- 2 domates

- 1 soğan (küçük, kırmızı)

1 avokado (olgun)

2 yemek kaşığı Orijinal Mayonez (%80 yağ)

1/2 kireç (meyve suyu ve lezzet)

- 4 dilim pastırma (yağsız)
- 4 adet hamburger ekmeğinin hazırlanışı

2. Pastırma ve avokadolu burger için önce bir kaseye kıymayı koyun, tuz ve karabiber serpin ve iyice karıştırın. Dört köftesi oluşturun.

3. Domatesleri ve soğanları dilimler ve halkalar halinde kesin.

4. Avokadoyu ikiye bölün, çekirdeği çıkarın, içini oyup aynı büyüklükte küpler halinde kesin.

5. Avokadoyu mayonez, limon kabuğu rendesi, limon suyu ve biberle baharatlayın ve iyice karıştırın.

6. Burgerleri her iki tarafta 3-4 dakika ızgara yapın veya tadına bakın. Sonra aşağı indirin ve

sıcak tutun. Sonra pastırmayı her iki taraftan kızartın.

1 dakika çıtır çıtır olana kadar. Ruloları kesin ve kesilen yüzeyleri hafifçe kızartın

7. Alt yarısını hamburger, domates ve soğanla kaplayın, ardından avokado mayonezini ekleyin, çıtır pastırmayı bitirin ve ikinci yarısını domuz pastırması ve avokadolu burgerin üzerine yerleştirin.

2. Burger İtalyan

içindekiler

- 500 gr dana kıyma (yağsız)
- 2 yemek kaşığı maydanoz (doğranmış)
- 1 yemek kaşığı kekik (doğranmış)

1 yemek kaşığı biberiye (doğranmış)

2 yemek kaşığı fesleğen (taze)

10 zeytin (siyah)

- biber
- tuz
- 4 yemek kaşığı Orijinal Mayonez (%80 yağ)
- 4 adet ciabatta rulo (yarıya bölünmüş ve kesilmiş yüzeylerinde hafif kavrulmuş)
- 1 soğan (küçük, kırmızı, halka halka doğranmış)
- 70 gr roket hazırlığı

1. İtalyan burgeri için önce otları büyük bir kapta etle karıştırın, tuz ve karabiber serpin. Dört köfte şekli verin. Zeytinleri ve fesleğeni doğrayın.

2. Hamburgerlerin her iki tarafını 3-4 dakika ızgara yapın.

3. Bu sırada mayonezi doğranmış zeytin ve fesleğen ile karıştırın. Biraz biberle tatlandırın.

4. Közlenmiş ciabatta rulolarının alt kısmına hamburgerleri yerleştirin, bir kaşık dolusu zeytinli mayonez, kırmızı soğan halkası ve roka ile kaplayın, çöreğin 2. yarısını burgerin üzerine yerleştirin.

3. Amarant-Burger

İçindekiler

Burger için:

- 1 adet Iglo Amarant-Laibchen
- 1 Burger Çöreği

    2 dilim domates

    4 dilim salatalık

    1 yaprak marul

- Ekşi krema biber sosu için:
- 2 EL Sauerrahm
- tatlı biber sosu
- Soya sosu
- tuz

Hazırlık

1. Amaranth burger için amaranth köfteleri ambalajın üzerindeki talimatlara göre hazırlayın ve sıcak tutun.

2. Hamburger ekmeğini ortadan ikiye kesin ve kızgın tavada iki tarafını kızartın.

3. Bu sırada marul, domates ve salatalığı yıkayın, dilimler halinde kesin ve ekşi krema biber sosu hazırlayın.

4. Malzemeleri birlikte karıştırın ve tatmak için baharatlayın.

5. Amaranth burger için, burgerin kızarmış yarısının içini sosla kaplayın ve üstüne marul, amaranth köftesi, domates ve salatalık dilimleri koyun.

4. Kuzu Pirzola Burgerleri

İçindekiler
- Pide ince küçük - 8 adet. (her biri 30 gr)
- Kıyılmış koyun eti - 450 gr
- Beyaz peynir (ufalanmış) - 0.25 su bardağı Öğütülmüş kimyon - 0.25 çay kaşığı.
- Öğütülmüş karabiber - 0.25 çay kaşığı.
- Sebze yağı
- Servis için kırmızı soğan (halkalar) (isteğe bağlı)

Servis için yonca filizi (isteğe bağlı),
Servis için salatalık (dilimler) (isteğe bağlı)

Sos için:
- Dondurulmuş bezelye (çözdürülmüş) - 2 su bardağı
- Sarımsak - 2 diş
- Taze nane, yapraklar - 0,5 su bardağı Zeytinyağı - 1,5 çay kaşığı.
- Su - 1 çay kaşığı, Tuz - 0.25 çay kaşığı

Hazırlanışı

1. Sos için tüm malzemeleri bir mutfak robotunun kasesine koyun ve pürüzsüz olana kadar ezin. Sosu bir kenara koyun. Orta-yüksek sıcaklıkta ön ısıtmak için ızgarayı açın.
2. Büyük bir kapta kıyma, peynir, kimyon ve karabiberi birleştirin. Kıymayı 4 parçaya bölün, her birinden yuvarlak bir pirzola oluşturun.
3. Izgara ızgarasını bitkisel yağ ile yağlayın, üzerine pirzolaları yerleştirin ve her iki tarafını yaklaşık 6 dakika kızartın. Köfteleri bir tabağa alıp 5 dakika dinlendirin.
4. Her pirzola boyuna ikiye bölün. Ve her pide kekini boyuna ikiye bölün, ancak sonuna kadar

değil. Her çukurun ortasına 1 yemek kaşığı uygulayın. bir kaşık sos, bir pirzola ve çeşitli soğan / filiz / salatalık üzerine koyun.
5. Burgerleri hemen servis edin.

5. Hamburger Köftesi Tarifi

İçindekiler
- 800 gram dana döş (yağ oranı)
- 80 gram et suyu
- 10 gram ince öğütülmüş tuz
- 10 gram taze çekilmiş karabiber

Hazırlık
1. Sulu kalacak lezzetli hamburger köfteleri hazırlamak için; Döş etinin ağırlığının yüzde

yirmisi kıymayı çektikten sonra içine yağ ilave ederek.

2. Hazırladığınız et suyu ve öğütülmüş tuz/biber karışımını eklediğiniz kıymayı yoğurun ve az miktarda hamburger köftelerinin içine yoğurun. Dinlenmek için buzdolabına kaldırın.

3. Başparmağınızla orta kısmına bastırdığınız hamburger köftelerini istediğiniz pişme derecesine göre ızgarada kızartın.

4. Amacınız gerçek bir ev yapımı burger hazırlamaksa ekmekleri ızgarada ısıtın. Izgara köftelerin üzerine arzuya göre bir dilim peynir eritin. Hamburgerinizi çeşitli soslar, turşular ve yeşillikler ile servise hazır hale getirin.

Sıcaklığı sevdiklerinizle paylaşın.

6. Sauerland BBCrew'da Bahar Burger

İçindekiler
- 600 gr dana kıyma (iki hamburger için)
- 8 dilim kaşar peyniri (veya başka bir baharatlı peynir)
- 1 domates
- 6 dilim pastırma
- soğanlar
- salata
- roket
- tuz biber
- hamburger ekmeği (muhtemelen ara kısım için tost veya ekmek)
- chipotle sosu

Hazırlık

1. Önce kıymayı tuz/karabiber ile baharatlayın ve iyice karıştırın. Kıyma o zaman

150 g köftesi oluşturmak için kullanılır. Bunu yapmanın en iyi yolu bir burger presidir. Chipotle sosu da önceden hazırlanır.

Izgara 200 - 230°C'de direkt ızgaraya hazırlanır. Hamburger köfteleri önce bir yüzü 3-4 dakika kızartılır, ardından çevrilir. Peynir, güzelce akması için önceden ızgara olan tarafına konur. Bu arada ara çöreği ve pastırmayı da güzel ve çıtır olması için her iki tarafını da ızgara yapın. 3-4 dakika sonra hamburger köftesi hazır.

3. Daha sonra burgerin üzeri kapatılır: Topuzun alt kısmı önce chipotle sos ile kaplanır ve ilk topuz üstüne ekilir. Bu, 2 domates dilimi ve biraz yeşil salata ile doldurulur. Şimdi ara kısım geliyor, onunla birlikte yarım topuz (veya tost veya ekmek de mümkündür). Bu daha sonra chipotle sosu ile kaplanır. Üzerine ikinci köfteyi, ardından pastırmayı, birkaç soğanı ve biraz rokayı koyun. Topuzun üst yarısı sos ve duble dana eti ile kaplanır.

burger hazır - sulu, baharatlı et, çıtır domuz pastırması ve acı sos!

7. Yunan burgeri

İçindekiler
- 150 gr dana kıyma
- Beyaz peynir
- soğan (kırmızı)
- Pepperoni
- Zeytin
- 1 yemek kaşığı Gyros Rub
- sirtaki
- hamburger ekmeği
- Tsatsiki

ızgara2.

Hazırlık

1. Önce kıymayı jiroskopla karıştırın (köfte başına 1 yemek kaşığı). Kıyma, baharatın eşit dağılması için iyice yoğrulur. Bu daha sonra en iyi bir burger presi ile yapılan 150 gram köftesi oluşturmak için kullanılır.

Izgara 200 - 230°C'de direkt ızgaraya hazırlanır. Hamburger köfteleri önce bir tarafı 4 - 5 dakika ızgarada pişirilir, ardından çevrilir. 4-5 dakika sonra hamburger köftesi hazır. Sonra topuz doldurulur: önce topuzun alt yarısına tsatsiki sürün ve salata ile doldurun. Sonra köfteyi üstüne koyun, tekrar tzatziki ile kaplayın ve birkaç küp beyaz peynir, pepperoni, soğan ve zeytin ile burgeri tamamlayın - Yunan burgeri hazır!

8. Biftek burger lüks

İçindekiler
- 1 porterhouse bifteği (yaklaşık 1 kg)
- Deniz tuzu, kaba
- Hamburger ekmekleri
- 4 yemek kaşığı mayonez
- taze Biberiye
- Turp turşusu

Balzamik soğan için:
- 2 soğan
- 2 yemek kaşığı sıvı yağ
- 5 yemek kaşığı balzamik sirke
- 1 yemek kaşığı şeker, kahverengi
- 1 tatlı kaşığı pul biber
- tuz biber

ızgara2.

Hazırlık

1. Biftek, ızgaradan 30 dakika önce her iki tarafa da tuz serpilir. Biberiye mayonezini mayonez, taze biberiye (1 çay kaşığı doğranmış) ve bir tutam biberle karıştırın.

   Izgara, doğrudan ve dolaylı ızgara için hazırlanmıştır. Biftek ilk önce yüksek, doğrudan ısıda her iki tarafta 3'er dakika ızgara yapılır. Ete güzel bir kabuk verir vermez, dolaylı tarafa doğru hareket eder ve istediğimiz pişme derecesine kadar çekeriz.
3. Bu sırada balzamik soğanlar hazırlanır. Yağ bir tavada kızdırılır, ardından soğanlar ilave edilir. Soğanlar biber, tuz, kırmızı biber tozu ve şekerle tatlandırılır. Soğanlar yarı saydam hale gelir gelmez balzamik sirkeyi tavaya dökün ve balzamik sirke soğanlar tarafından emilene kadar kısık ateşte kızartmaya devam edin.
4. Et hedef sıcaklığa ulaştığında - burada çekirdekte 55 ° C idi - dilimler halinde kesilir ve hafifçe biberlenir ve tuzlanır. Topuzun alt yarısı biberiye mayoneziyle kaplanır, üstüne

etler, balzamik soğanlar ve dilimlenmiş turplar konur - yapılır!

9. Çekilmiş dana burger

İçindekiler
- Sığır eti
- hamburger ekmeği
- Pastırma Erik Reçeli
- Barbekü Sosu, burada: Barbekü Kral Barbekü Sosu
  (erik bazlı)
- Erik

Hazırlık
1. Önce topuzun alt yarısına 2 - 3 yemek kaşığı reçel sürün. Üzerine iyi bir kısım (yaklaşık 100 - 120 gr) çekilmiş dana eti konur. Burgerin

ızgara2.

tepesi biraz barbekü sosu ve 2-3 ince dilimlenmiş erik diliminden oluşuyor.

10. Kahvaltı burgeri

Malzemeler (iki hamburger için)
- 300 gr dana kıyma
- tuz biber
- 6 dilim pastırma
- 1 domates
- 2 yumurta
- 2 dilim peynir (örneğin çedar)
- mantar bir
- kızartmak için az sıvı yağ
- roket
- 2 hamburger ekmeği
- Barbekü sosu (örneğin varil 51 dumanlı burbon)

Hazırlık
1. Önce kıymayı tuz ve karabiberle baharatlayın ve iyice karıştırın. Kıyma daha sonra en iyi bir burger presi ile yapılan 150 gram köftesi oluşturmak için kullanılır. Domates 4 - 5 mm kalınlığında dilimler halinde kesilir, mantarlar 2 - 3 mm kalınlığında dilimler halinde kesilir. ızgara
2. Izgara 200 - 230°C'de direkt ve endirekt ızgara için hazırlanmıştır. Domatesler direkt ısıda 2 dakika boyunca iki tarafı da ızgara yapılır. Pastırma altın kahverengi olana kadar kızartılır. Bir tavada yağ kızdırılır ve içinde mantarlar kavrulur. Mantarlar güzelce ve yumuşayınca, fırına dayanıklı bir kaba koyup ızgaranın dolaylı tarafına yerleştiriyorsunuz. Kızarmış yumurta şimdi tavada kızartılır.
3. Hamburger köfteleri önce bir yüzü 3 - 4 dakika kızartılır, sonra çevrilir. Peynir, güzelce akması için önceden ızgara olan tarafına konur. 3-4 dakika sonra hamburger köftesi hazır.
4. Topuzun alt yarısı önce barbekü sos ile ince bir şekilde yayılır, ardından roka ve közlenmiş domateslerle süslenir. Üzerine peynirli graten köftesi konur. Bunu domuz pastırması,

kızarmış mantarlar ve son olarak da sahanda yumurta izler. Kahvaltı burgeri hazır!

11. Biberli Bacon Reçel Burger

Malzemeler (iki hamburger için)
- 300 gr dana kıyma
- tuz biber
- peynir (örneğin çedar)
- salata
- roket
- biberli pastırma reçeli
- hamburger ekmeği

Kokteyl sosu için
- 3 yemek kaşığı mayonez
- 1 yemek kaşığı domates salçası
- 1 yemek kaşığı barbekü sosu

- 1 tutam balzamik sirke
- 1 tutam tuz, karabiber ve şeker

Hazırlık

1. Önce kıymayı tuz ve karabiberle baharatlayın ve iyice karıştırın. Kıyma daha sonra en iyi bir burger presi ile yapılan 150 gram köftesi oluşturmak için kullanılır. ızgara

2. Izgara 200 - 230°C'de direkt ızgaraya hazırlanır. Hamburger köfteleri önce bir tarafı 4 - 5 dakika ızgarada pişirilir, ardından çevrilir. Peynir, güzelce akması için önceden ızgara olan tarafına konur. 4-5 dakika sonra hamburger köftesi hazır.

3. Topuzun alt kısmı kokteyl sosuyla kaplanır. Üzerine salata ve roka konur. Bunu, üzerine biberli pastırma reçelini sürdüğünüz peynirli graten köftesi takip ediyor. Kapak açıldı - biber reçeli burger hazır!

12. Oktoberfest burgeri

Malzemeler (iki hamburger için)
- 300 gr dana kıyma
- Tuz biber
- Soğan
- salata
- Snyder'ın simit parçaları
- Turp 2 simit rulo

Obazda için
- 100 g Camembert (%45 yağ)
- 2 yemek kaşığı tereyağı
- ½ ince doğranmış soğan
- ½ çay kaşığı ezilmiş kimyon tohumu
- tuz biber
- toz kırmızı biber
- 1 çay kaşığı bira

Hazırlık

1. Önce kıymayı tuz ve karabiberle baharatlayın ve iyice karıştırın. Kıyma daha sonra en iyi bir burger presi ile yapılan 150 gram köftesi oluşturmak için kullanılır.
2. Obazda için önce kamemberi çatalla ezin ve tereyağı ile hafif ufalanan bir kıvam alana kadar karıştırın. Bu kütle doğranmış soğan, kimyon tohumu, tuz, karabiber, toz kırmızı biber ve bira ile karıştırılır. Obazda tüketilene kadar soğukta tutulur. ızgara
   1. Izgara 200 - 230°C'de direkt ızgaraya hazırlanır. Hamburger köfteleri önce bir tarafı 4 - 5 dakika ızgara yapılır ve ardından çevrilir. Şimdi ızgara tarafını 1 yemek kaşığı obazda ile kaplayarak köftelerin üzerinden geçsin. 4-5 dakika sonra hamburger köftesi hazır.
   2. Daha sonra simit rulosunun üzeri kapatılır: Önce alt rulonun üzerine biraz obazda sürülür ve üzerine salata konur. Daha sonra köfteyi rulonun üzerine koyun, ardından ince kıyılmış turp dilimlerini ve soğan halkalarını koyun. Her şeyin tepesinde simit parçaları var - kapağı kapatın ve Oktoberfest burgeri hazır!

13. Sosisli burger

Malzemeler (1 hamburger için)

- Taze Salsiccia sosisi (burger başına yaklaşık 1 ½)
- Otlar Keçi Camembert
- 1-2 çay kaşığı kızılcık
- Chorizo Reçeli
- kırmızı şarap soğan
- hamburger ekmeği
- Barbekü Sosu
- 1 shot bardak viski (flambe için)

1. İlk önce sosis etini bağırsaklardan çıkarırsınız. Bunu yapmak için, bağırsağı bir bıçakla uzunlamasına kesip çıkarırsınız. Sucuk eti tekrar düzgün bir şekilde yoğrulur ve köfteler haline getirilir. Bunu yapmanın en iyi yolu bir burger presidir.

ızgara

2. Izgara doğrudan ısıtma için hazırlanıyor. Burgerlerin her iki yüzü de yaklaşık 3 dakika ızgara yapılır. Burger çevrildikten sonra yarım shot bardak viski ile alevlenir.
3. Alevler söndükten sonra burger dolaylı alana yerleştirilir, üzerine kızılcık ve kamembert serpilir ve 2-3 dakika daha pişirilir.
4. Bu sırada hamburger ekmeği fırında veya ızgarada ısıtılır ve bir tarafı chorizo reçeli ile kaplanır. Sonra yaban mersini ve kamembert ile köftesi gelir. Son olarak, burgerin üzerine birkaç kırmızı şarap soğanı ve biraz barbekü sosu ekleyin.

Hazırlık
14. Duble etli burger

İçindekiler
- 600 gr dana kıyma (iki hamburger için)
- 8 dilim kaşar peyniri (veya başka bir baharatlı peynir)
- 1 domates
- 6 dilim pastırma
- soğanlar
- salata
- roket
- tuz biber
- hamburger ekmeği (muhtemelen ara kısım için tost veya ekmek)
- chipotle sosu

1. Önce kıymayı tuz/karabiber ile baharatlayın ve iyice karıştırın. Kıyma daha sonra 150 g köftesi oluşturmak için kullanılır. Bunu yapmanın en iyi yolu bir burger presidir. Chipotle sosu da önceden hazırlanır. ızgara
2. Izgara 200 - 230°C'de direkt ızgaraya hazırlanır. Hamburger köfteleri önce bir tarafı 3-4 dakika kızartılır, ardından çevrilir. Peynir, güzelce akması için önceden ızgara olan tarafına konur. Bu arada ara çöreği ve pastırmayı da güzel ve çıtır olması için her iki tarafını da ızgara yapın. 3-4 dakika sonra hamburger köftesi hazır.
3. Daha sonra burgerin üzeri kapatılır: Topuzun alt kısmı önce chipotle sosuyla kaplanır ve ilk topuz üstüne ekilir. Bu, 2 domates dilimi ve biraz yeşil salata ile doldurulur. Şimdi ara kısım geliyor, onunla birlikte yarım topuz (veya tost veya ekmek de mümkündür). Bu daha sonra chipotle sosu ile kaplanır. Üzerine ikinci köfteyi, ardından pastırmayı, birkaç soğanı ve biraz rokayı koyun. Topuzun üst yarısı sosla kaplanır ve duble dana burger hazır - sulu, baharatlı et, çıtır domuz pastırması ve acı sos!

Hazırlık

15. Biberli çizburger

Malzemeler (2 hamburger için)

- 300 gr dana kıyma
- tuz biber
- acılı peynir sosu
- 4 dilim domates
- soğanlar
- salata
- 4 şerit pastırma
- Barbekü sosu (örneğin West of Texas Barbekü sosu)
- hamburger ekmeği

1. Önce kıymayı tuz ve karabiberle baharatlayın ve iyice karıştırın. Kıyma daha sonra en iyi bir burger presi ile yapılan 150 gram köftesi oluşturmak için

kullanılır. Daha sonra acılı peynir sosunu tarife göre karıştırın. ızgara

1. Izgara 200 - 230°C'de direkt ızgaraya hazırlanır. Hamburger köfteleri önce bir tarafı 4 - 5 dakika ızgarada pişirilir, ardından çevrilir. 4-5 dakika sonra hamburger köftesi hazır. Et ızgara yapılırken domuz pastırması çıtır çıtır olana kadar ızgara yapılır.
2. Şimdi burgerin tepesinde: Önce alt burger topuzuna biraz acılı peynir sosu sürün ve biraz barbekü sosu ekleyin - güzelce yayın. Üzerine marul yaprağını ve köfteyi yerleştirin. Köftenin üzerine soğan ve 2 dilim domates konur ve üzerine çili peynir sosu gezdirilir. Son olarak, iki şerit çıtır pastırmayı üstüne ve kapağına koyun. Et süper suludur, acılı peynir sosuyla iyi gider ve ev yapımı çörek, lezzet deneyimini tamamlar!

VEJETARYAN TARİFLERİ

Hazırlık

16. Burger çörekler

içindekiler

- 2 yemek kaşığı. kuru maya
- 230 ml su (ılık)
- 80 ml bitkisel yağ (örneğin zeytinyağı)
- 30 gram şeker
- 1 yumurta
- 1 çay kaşığı tuz

- 450 gr buğday unu

- Susam (beyaz, serpmek için)

- 1 yumurta akı (veya biraz su, fırçalama)**hazırlık**

1. Fırını 220 ° C'ye önceden ısıtın.

2. Mayayı su, yağ ve şekerle karıştırıp 5 dakika mayalanmaya bırakın.

3. Yumurta, tuz ve unu ekleyip pürüzsüz bir hamur yoğurun. Hamuru rulo haline getirin ve 12 eşit parçaya bölün. Her bir parçayı bir top haline getirin: Hamur parçalarını, hamur pürüzsüz bir yüzeye sahip olana kadar avuç içi ve çalışma yüzeyi arasında gevşek bir şekilde çevirin.

4. Yağlı kağıt serili fırın tepsisine hamuru çok yakın koymayın, üzerini mutfak havlusu ile örtüp 15 dakika mayalanmaya bırakın.

5. Burger çöreklerini biraz yumurta akı (veya su) ile fırçalayın ve susam serpin.

6. 10-12 dakika pişirin.

17. Gevrek Fındıklı Burger

içindekiler

- 250 gr fındık (karışık)
- 4 yemek kaşığı şeker
- 3 yemek kaşığı zeytinyağı
- 2 yemek kaşığı bal
- 100 gr zeytin (siyah, çekirdeksiz)
- 2 çay kaşığı kapari
- 2 yemek kaşığı limon suyu
- 10 üzüm
- 4 yaprak radicchio

- 100 gr kamember
- 4 adet hamburger ekmeğinin hazırlanışı

1. Crunchy Nut Burger için önce fındıkları irice doğrayın ve yapışmaz bir tavada orta ateşte yağsız olarak kokusu çıkana kadar kavurun.

2. Ardından şekeri tavada hafifçe karamelize edin. Önce 1 yemek kaşığı zeytinyağı ekleyin, ardından balı ekleyin ve karamelin içine fındıklarla karıştırın. Ara sıra karıştırarak orta ateşte 1-2 dakika pişirin, ardından karamel çok koyulaşmadan ocaktan alın. Karışımı hemen yağlı kağıt serili fırın tepsisine koyun, spatula ile dört kompakt yuvarlak köfte şekli verin ve soğumaya bırakın.

3. Zeytin, kapari, limon suyu ve kalan zeytinyağını bir karıştırma kabına alıp püre haline getirin. Üzüm ve radicchio'yu yıkayıp kurulayın. Üzümleri gerektiği gibi ayıklayın, ardından uzunlamasına ikiye bölün. Camembert'i dilimler halinde kesin.

4. Ruloları ikiye bölün ve kızartın. Ruloların yarısına ince bir tabaka zeytin ezmesi sürün ve alt yarısına radicchio'yu yerleştirin.

Üzümleri üstüne koyun ve fındık köftesi ile üstüne koyun. Sonunda Camembert'i üstüne koyun. Peyniri gazlı mutfak brülörü ile hafifçe kızartın ve erimesine izin verin. Daha sonra gevrek fındıklı burgeri topuzun üst yarısı ile kapatın.

18. Beetle fasulyeli vejetaryen burger

içindekiler

- 120 gr kuskus
- 1/2 soğan
- 1 diş sarımsak
- 150 gr bezelye (pişmiş)
- 100 gr havuç
- 1 yumurta

- 1 çay kaşığı maydanoz
- 1 çay kaşığı chives
- 1 damla limon suyu
- tuz
- Biber (taze çekilmiş)
- zeytin yağı

Bitirmek için:

- 1 etli domates
- 1 avuç roket
- 100 gr koyun peyniri
- mayonez
- 4 adet hamburger ekmeğinin hazırlanışı

1. Kuskusun üzerini eşit miktarda kaynar su ile kaplayın. Örtün ve 10 dakika demlenmesine izin verin. 5 dakika sonra bir çatalla kabartın.

2. Soğanı ve sarımsağı soyun ve ince doğrayın. 1 yemek kaşığı zeytinyağını bir tavada ısıtıp soğanları pembeleşinceye kadar kavurun. Sarımsağı ekleyip kısaca kavurun.

3. Fasulyeleri çatalla ezin, havuçları soyun ve ince rendeleyin. Maydanoz ve maydanozu ince ince kıyın.

4. Kuskus, kavrulmuş soğan, ezilmiş bezelye, havuç ve doğranmış otları yumurta ile karıştırın. Limon suyu, tuz ve karabiber serperek tatlandırın. Karışımı serin bir yerde en az 30 dakika dinlendirin.

5. Karışımı ıslak ellerle 4 köfte şeklinde şekillendirin ve her iki tarafına da yağ sürün. Sıcak ızgarada yaklaşık 10 dakika çıtır çıtır olana kadar ızgara yapın, 5 dakika sonra çevirin. Alternatif olarak, tavada ızgara yapabilirsiniz.

6. Domatesi yıkayıp dilimleyin. Marulu yıkayın ve kurutun. Gerekirse koyun peynirini kurulayın ve dilimler halinde kesin.

7. Ruloları çapraz olarak kesin ve ızgarada kısaca ısıtın. Köfteleri ruloların üzerine yerleştirin. Domates dilimleri, roka ve koyun peyniri ile kaplayın ve biraz mayonez ile tamamlayın. Ekmek rulosunun kapağını üstüne yerleştirin.

19. sebzeli burger

içindekiler
- Yemek pişirmek için 2 yemek kaşığı Rama Cremefine
- 100 gr un (pürüzsüz)
- 1 çay kaşığı Kabartma tozu
- tuz
- 200 gr kabak (ince doğranmış)
- 150 gr mısır taneleri (doz)
- 1 dolmalık biber (kırmızı, ince doğranmış)
- 60 gr Çay
- 6 susamlı rulo)
- 6 Lollo Verde yaprağı
- 2 domates (dilimlenmiş)

hazırlık

1. Sebzeli burger için yumurta, krema, un ve kabartma tozunu pürüzsüz olana kadar karıştırın, tuz ve karabiberle tatlandırın.
2. Kabak, mısır ve dolmalık biberi karıştırın, 6 köfte yapın ve düzleyin. Köfteleri sıcak THEA'da arka arkaya yavaş yavaş kızartın. 180 derecelik fırında birkaç dakika kızartmayı bitirin.
3. Susam rulosunu kesin, marul yaprağı ve domates dilimleri ile örtün, ev yapımı ketçapla süsleyin ve sebze köftelerini üstüne yerleştirin. Sulu bir sebze burgeri hazır.

20. Kestane burger

içindekiler

- 200 gr kestane (pişmiş ve soyulmuş)
- 2 dilim tost (veya 1 eski ekmek)
- 100 ml krem şanti
- 2 havuç (küçük)
- 50 gr kereviz
- 30 gr maydanoz kökü
- 1/2 parça pırasa
- 2 taze soğan
- 2 çay kaşığı kekik (kuru)
- 1 adet yumurta
- tuz
- biber
- Ekmek kırıntıları (gerektiği gibi)
- Domuz yağı (veya kızartma yağı)
- 4 adet hamburger köftesi (hazır)
- İstediğiniz salata

- Kızılcık (hazır) hazırlama

1. Kestane burgerler için kestaneleri küçük parçalar halinde kesin. Tostu krem şanti ile ıslatın ve yumuşamasını bekleyin.

2. Havuç, kereviz, maydanoz kökü, pırasa ve taze soğanı yıkayın, temizleyin ve ince doğrayın.

3. Kestane, kızarmış ekmek ve sebzeleri bir kapta yumurta ile karıştırın. Baharatları ekleyin ve her şeyi çok iyi yoğurun.

4. Karışım çok yumuşaksa, biraz ekmek kırıntısı ekleyin.

5. Şimdi karışımdan eşit büyüklükte kestane burgerleri ıslak ellerle şekillendirin.

6. Bunları sıcak yağda veya domuz yağında pişirin ve kağıt havluların üzerine boşaltın.

7. Ayrıca hamburger köftelerini kısaca kızartın veya tost makinesinde ısıtın ve içini kızılcıkla kaplayın, kestane burgerleri yerleştirin ve dilediğiniz bir salata ile süsleyin.

21. Vitaminli hamburger

içindekiler

- 2 hamburger ekmeği
- 100 gr havuç
- 100 gr kabak
- 1 yumurta
- 1 yemek kaşığı un (pürüzsüz)
- 1 yemek kaşığı maydanoz (doğranmış)
- 2 domates dilimi
- 2 yaprak buzlu marul
- 2 patlıcan dilimi

- kekik
- 1 diş sarımsak (preslenmiş)
- zeytin yağı
- tuz
- biber**hazırlık**

1. Vitaminli burger için havuçları ve kabakları soyun ve kabaca yırtın. Yumurta, un ve kıyılmış maydanoz ile karıştırın. Tuz ve karabiberle tatlandırın. Zeytinyağını bir tavada ısıtın ve 2 köfte şeklinde sebze karışımını koyun. Her iki tarafta kızartın. Köfteleri çıkarın, alüminyum folyoya sarın ve sıcak tutun. Aynı tavada domates ve patlıcan dilimlerini kekik ve ezilmiş diş sarımsak ile birlikte kısaca kızartın. Aynı zamanda hamburger ekmeğini kesip, kesilen yüzeylerinde kızartın. Önce ruloların alt kısımlarına bir dilim patlıcan koyun. Ardından sebze köftesini, domates dilimlerini ve son olarak da marul yapraklarını üstüne yerleştirin.
Üstünü üstüne koyun ve hafifçe bastırın.

22. Burger topuzu

içindekiler

- 420 gr un
- 40 gr toz şeker
- 1 tutam tuz
- 1 paket kuru maya
- 175 ml süt
- 1 yumurta
- 1 yumurta sarısı
- 25 gr tereyağı (küçük parçalar halinde)
- biraz un (çalışma yüzeyi için)
- 1 yumurta akı (fırçalamak için)
- biraz su (fırçalama için) hazırlama

1. Hamburger ekmeği için önce un, şeker, tuz ve mayayı bir kapta karıştırın. Süt, yumurta ve yumurta sarısını çırpın ve ekleyin. Her şeyi pürüzsüz bir hamur haline getirin.
2. Ardından tereyağını ekleyin ve hamur güzel ve pürüzsüz olana kadar yoğurmaya devam edin. Yaklaşık 1 1/2 saat ılık bir yerde yükselmeye bırakın.
3. Bir çalışma yüzeyini unlayın, hamurdan bir rulo oluşturun, sekiz parçayı kesin ve rulo haline getirin. Pişirme kağıdı serilmiş fırın tepsisine dizin. Bir saat daha bırakın. Hamurun üzerine bastırıp eski konumuna geri döndüğünüzde yufkalar pişmeye hazırdır.
4. Yumurta beyazını biraz suyla çırpın ve ruloları fırçalayın. Rulolar altın rengi olana kadar yaklaşık bir çeyrek saat 190 ° C'de pişirin.
5. Burger çörekleri soğumaya bırakın, ikiye bölün ve istediğiniz zaman işgal edin.

23. Vejetaryen burgerler

içindekiler
- 1 paket vegan burger (2 adet)
- 1 havuç (kaba rendelenmiş)
- 1 soğan (küçük)
- 1/4 salatalık
- Kokteyl domatesleri
- 1 dolmalık biber (yeşil)
- Kokteyl sosu hazırlama

1. Havucu kaba rendeleyin. Salatalığı dilimler halinde kesin. Kokteyl domatesleri ikiye bölün. Soğanı halkalar halinde kesin. Dolmalık biberi şeritler halinde kesin.

2. Vegan burgerleri sıcak olarak kızartın.

3. Bu arada çörek yarısını kızartın. Sıcak ekmeğin alt yarısına önce salatalık dilimlerini, ardından rendelenmiş havuç ve soğanı koyun.
4. Sıcak hamburgerleri üzerine domates ve biberleri yerleştirin.
5. Seçtiğiniz bir kokteyl sosuyla doldurun, burger çöreklerini kapatın ve burgerlere servis yapın.

24. Beetle fasulyeli vejetaryen burger

içindekiler

- 120 gr kuskus
- 1/2 soğan
- 1 diş sarımsak
- 150 gr bezelye (pişmiş)
- 100 gr havuç
- 1 yumurta
- 1 çay kaşığı maydanoz

- 1 çay kaşığı chives
- 1 damla limon suyu
- tuz
- Biber (taze çekilmiş)
- zeytin yağı

Bitirmek için:

- 1 etli domates
- 1 avuç roket
- 100 gr koyun peyniri (sert, örneğin beyaz peynir)
- mayonez
- 4 adet hamburger ekmeğinin hazırlanışı

1. Kuskusun üzerini eşit miktarda kaynar su ile kaplayın. Örtün ve 10 dakika demlenmesine izin verin. 5 dakika sonra bir çatalla kabartın.

2. Soğanı ve sarımsağı soyun ve ince doğrayın. 1 yemek kaşığı zeytinyağını bir tavada ısıtıp soğanları pembeleşinceye kadar kavurun. Sarımsağı ekleyip kısaca kavurun.

3. Fasulyeleri çatalla ezin, havuçları soyun ve ince rendeleyin. Maydanoz ve maydanozu ince ince kıyın.

4. Kuskus, kavrulmuş soğan, ezilmiş bezelye, havuç ve doğranmış otları yumurta ile karıştırın. Limon suyu, tuz ve karabiber serperek tatlandırın. Karışımı serin bir yerde en az 30 dakika dinlendirin.

5. Karışımı ıslak ellerle 4 köfte şeklinde şekillendirin ve her iki tarafına da yağ sürün. Sıcak ızgarada yaklaşık 10 dakika çıtır çıtır olana kadar ızgara yapın, 5 dakika sonra çevirin. Alternatif olarak, tavada ızgara yapabilirsiniz.

6. Domatesi yıkayıp dilimleyin. Marulu yıkayın ve kurutun. Gerekirse koyun peynirini kurulayın ve dilimler halinde kesin.

7. Ruloları çapraz olarak kesin ve ızgarada kısaca ısıtın. Köfteleri ruloların üzerine yerleştirin. Domates dilimleri, roka ve koyun peyniri ile kaplayın ve biraz mayonez ile tamamlayın. Ekmek rulosunun kapağını üstüne yerleştirin.

25. Peynirli kök sebzeli burger

içindekiler

- 1 su bardağı çorba sebzesi (yaklaşık 250 g)
- 180 gr sert peynir
- 120 gr ekmek kırıntısı
- 2 yemek kaşığı zeytinyağı
- 2 yemek kaşığı su hazırlama

1. Kök sebzeli burgerler için fırını önceden 180 derece üst/alt ısıda ısıtın. Kabuk

1 su bardağı sebze çorbası, mutfak robotunda doğrayın ve az yağda kavurun.

2. Bu arada 180 gram peyniri rendeleyin (veya mutfak robotunda doğrayın) ve 120 gram galeta unu ile karıştırın. 2 yemek kaşığı zeytinyağı ve 2 yemek kaşığı su ekleyin ve her şeyi sebze karışımıyla iyice karıştırın.

3. Bu kütleden küçük toplar yoğurun ve sonra onları hamburger haline getirin. Yağlı kağıt serili fırın tepsisine dizin ve 20 dakika pişirin.

4. Sonra hamburgerleri ters çevirin (ve kim tekrar çatalla düzleştirmek ister ki oluklar olsun) ve 20 dakika daha pişirin.

26. Falafel burgeri

içindekiler

falafel için:

- 125 gr nohut (önceden ıslatılmış)
- 1/2 soğan (kavrulmuş)
- 1 diş sarımsak (dövülmüş)
- 2 çay kaşığı maydanoz (doğranmış)
- 1/4 çay kaşığı kimyon
- 1/4 çay kaşığı kişniş

- 1/4 çay kaşığı kakule
- 1 tutam biber
- 1 yemek kaşığı un
- 1 yemek kaşığı susam
- 1/4 çay kaşığı tuz Kaplamak için:
- 2 hamburger ekmeği
- 2 domates (küçük)
- 4 yemek kaşığı iceberg marul (erişte kesilmiş)
- 4 yemek kaşığı kokteyl sosu hazırlanışı

1. Falafel burger için akşamdan ıslatılmış nohutları soğan ve sarımsakla birlikte doğramayın, baharatları, tuzu ve unu katıp yoğurun. 1 saat buzdolabında dinlendirelim.

2. Karışıma nemli ellerle 2 köfte şekli verin, susamda yuvarlayın ve 180 °C kızgın yağda kızartın.

3. Ruloları kesin ve açık kahverengi olana kadar kızartın, üstüne dilimlenmiş domates, marul ve kokteyl sosu ekleyin ve üzerine falafel

dilimlerini yerleştirin ve rulonun ikinci yarısı ile örtün.

27. Muzlu Hindistan Cevizi Burger

içindekiler

- 2 dilim tost ekmeği
- 1 soğan
- 1 diş sarımsak
- 2 yumurta (M)
- 1/4 çay kaşığı acı biber

- 1/4 çay kaşığı karanfil (öğütülmüş)
- 1/4 çay kaşığı kimyon (öğütülmüş)
- 500 gr kıyma (karışık)
- tuz
- biber
- 175 gr kiraz domates
- 2 muz (sert, hala biraz yeşil)
- 6 yemek kaşığı kurutulmuş hindistan cevizi
- 4 adet pide (doldurmak için)
- 4 tahta şiş (uzun)
- Yağ (fırçalama için) hazırlığı

1. Hindistan cevizli muzlu burger için önce kızarmış ekmeği kısa bir süre suda bekletin, sonra sıkıca çıkarın. Soğanı ve sarımsağı soyup ince doğrayın ve yumurta, baharat ve kıyma ile birlikte bir kaseye koyun. Her şeyi kuvvetlice yoğurun, tuz ve karabiber serpin. Kıymayı 4 büyük, yassı köfte haline getirin, folyo ile

kaplayın ve buzdolabına koyun. Tahta şişleri sulayın.

2. Izgarayı ısıtın. Kiraz domatesleri yıkayın, muzları soyun ve 3 cm kalınlığında dilimler halinde kesin. Tahta şişleri kurutun ve yağlayın ve alternatif domates ve muz dilimleri. Kurutulmuş hindistan cevizini bir tabağa yayın.

3. Izgarayı kızdırın, iyice yağlayın. Kıyılmış köfteleri kuru hindistancevizi içinde çevirin, ızgaraya yerleştirin ve ara sıra yağla fırçalayarak her iki tarafta 4-5 dakika orta ateşte ızgara yapın. Muz ve domates şişlerini ızgaranın kenarında ızgara yapın, üzerine sıvı yağ gezdirip tuz ve karabiber serpin. Ayrıca pideleri ızgarada kısaca kızartın.

4. Pide rulolarını hindistancevizi köftesi ile doldurun, domates ve muz şişleri ile bir tabağa koyun ve hindistan cevizi burgerini muzla servis edin.

28. Biberli patates kızartması ile özensiz burger

içindekiler *Roller*

için:

- 350 gr un (pürüzsüz)
- 220 ml su (ılık)
- 1 tutam yağ
- 1/2 paket kuru maya
- 1/2 çay kaşığı tuz Burger için:
- 500 gr kıyma (karışık)
- 8 dilim Gouda (veya Edam veya çedar)
- 80 gr pastırma (ince dilimlenmiş)
- 1 soğan (kırmızı)

- 2 diş sarımsak
- 4 marul yaprağı (büyük)
- 1 domates
- zeytin yağı
- tuz
- biber

Biber kızartması için:

- 600 gr patates
- 2 yemek kaşığı mısır nişastası
- 1/2 çay kaşığı acı biber
- tuz
- zeytin yağı

hazırlık

1. Biber kızartmalı özensiz burger için önce fırını 200 ° C'ye ısıtın.

2. Rulolar için, tüm malzemeleri pürüzsüz bir hamur haline getirin (mikser veya mutfak robotu). Çeyrek ve top haline getirin, örtün ve yakl. 20 dakika. Biraz su ile fırçalayın ve 10 dakika pişirin.

3. Biber kızartması için patatesleri yıkayın, ikiye bölün ve parmak kalınlığında dilimler halinde kesin. Zeytinyağı, mısır nişastası ve baharatlarla ovun ve 200°C'de yaklaşık 25 dakika pişirin.

4. Eti yağsız sıcak bir tavada suyu çekinceye kadar kızartın, ardından zeytini ekleyin.
yağlayın ve altın kahverengi olana kadar kızartın. Sarımsakları soyun ve ince doğrayın ve kısaca kızartın.
5. Soğanı soyun ve ince halkalar halinde kesin, marul yapraklarını yıkayın ve kurulayın. Pastırmayı yağsız bir tavada çıtır çıtır olana kadar kızartın.
6. Domatesleri ince dilimler halinde kesin. Ruloları ikiye bölün, biraz oyup içine kıymayı dağıtın, her birini birer dilim peynirle kaplayın ve biraz erimesini sağlayın. Bir burger oluşturmak için kalan malzemelerle istifleyin. Özensiz burgeri acılı patates kızartması ile servis edin.

29. Havuçlu ve cevizli karabuğday burger

içindekiler

- 80 gr karabuğday
- 125 g QimiQ Classic (soğutulmamış)
- 60 gr krem peynir
- 2 havuç (soyulmuş, rendelenmiş)
- 2 yemek kaşığı ceviz (ince kıyılmış)
- 1/2 soğan (kırmızı, küçük doğranmış)
- tuz
- Biber (taze çekilmiş)
- 4 adet hamburger ekmeği
- 4 marul yaprağı

- 1 soğan (kırmızı, halka halka doğranmış)

hazırlık

1. Havuçlu ve cevizli karabuğday burger için önce karabuğdayı akan suyun altında süzgeçte yıkayın ve tuzsuz suda yumuşayana kadar haşlayın. soğumaya bırakın.
2. Soğutulmamış QimiQ Classic'i pürüzsüz olana kadar çırpın. Krem peynir, karabuğday, havuç, ceviz ve soğanı ekleyin ve iyice karıştırın. Tuz ve karabiberle tatmak için baharatlayın.
3. Karışımı yağlı kağıt serili fırın tepsisine kaşıkla koyun ve küçük hamburger ekmeklerine bölün. Yaklaşık 4 saat boyunca iyice soğumaya bırakın.
4. Hamburger ekmeğini kesin. Alt kapağı kapat her biri bir marul yaprağı ile topuzun yarısı.
5. Hamburger köftelerini marulun üzerine yerleştirin ve soğan halkalarını yerleştirin. Üst yarımları tekrar üstüne koyun ve karabuğday burgerini havuç ve cevizle servis edin.

30. Çilekli tavuk burger

içindekiler

- 4 adet beyaz ekmek
- 100 gr roket
- sirke
- zeytin yağı
- tuz
- biber

Mayonez için:

- 1 yumurta

- 1 çay kaşığı hardal
- 1 yemek kaşığı sirke
- 150 ml ayçiçek yağı
- 2 yemek kaşığı fındık (doğranmış)
- tuz
- biber

Tavuk göğüsleri için:

- 4 tavuk göğsü
- 1 çay kaşığı kekik (kurutulmuş)
- 1 çay kaşığı kişniş tohumu (öğütülmüş)
- 1/4 çay kaşığı pul biber (kuru)
- tuz

Çilekler için:

- 200 gr çilek
- 2 yemek kaşığı zeytinyağı
- tuz
- biber

hazırlık

1. Çilekli tavuk burger için önce tavuk göğüslerini uzunlamasına ikiye kesin ama tamamen ayırmayın. Tavuk göğüslerini ("kelebek kesimi") açın ve baharatları ve biraz tuzu ovalayın.

2. Ekmek rulolarını yatay olarak ikiye bölün. Çileklerin saplarını çıkarın, ince dilimler halinde kesin ve 2 yemek kaşığı zeytinyağı, tuz ve karabiber ile tatlandırın.

3. Mayonez için yumurtayı mikserle köpürene kadar çırpın. Hardal ve sirkeyi ekleyin ve sürekli karıştırarak yağı yavaşça dökün. Mayonez iyi bir kıvam alır almaz kıyılmış fındıkları karıştırın ve biraz tuz ve karabiberle tatlandırın.

4. Tavuk filetoları bir tavada veya ızgarada her iki tarafta yaklaşık 4 dakika kızartın. Yarıya bölünmüş ekmek rulolarını fırında veya ızgarada çıtır çıtır olana kadar pişirin.

5. Yıkanmış, suyu süzülmüş rokayı biraz sirke, yağ, tuz ve karabiberle tatlandırın.

6. Rokayı galeta ununa yayın, tavuk filetoyu üstüne koyun ve çileklerle süsleyin. Ekmek rulolarının kapaklarını mayonezle fırçalayın ve tavuk burgerini çileklerle kapatın.

31. Keçi Peynirli Hurma Burger

içindekiler

- 2 diş sarımsak
- 12 hurma (kurutulmuş, çekirdeksiz)
- tuz
- biber
- 40 gr badem çubukları
- 600 gr kıyılmış kuzu eti
- 1 çay kaşığı köri tozu

- 100 gr ekşi krema
- 150 gr keçi peynirli rulo
- 4 yaprak lollo rosso marul
- 4 adet hamburger ekmeğinin hazırlanışı

1. Keçi peyniri ve hurma burgeri için önce sarımsağı soyun, hurmaları ortadan ikiye bölün ve ikisini de doğrayıcıda ince ince kıyın. Kıymaya 1 çay kaşığı tuz, karabiber ve badem çubuklarını ekleyin ve 1-2 dakika kuvvetlice yoğurun. Kıymayı eşit büyüklükte, 2 cm yüksekliğinde dört köfte şeklinde şekillendirin. Köftelerin üzerini streç film ile kapatıp en az 30 dakika buzdolabında bekletin.

2. Köri ve ekşi kremayı bir kaseye koyun, bir çatalla karıştırın ve tuzlayın. Peynir rulosunu yakl. ½ cm kalınlığında dilimler halinde on iki dilim yapın. Salatayı yıkayın ve kurutun.

3. Ruloları ikiye bölün ve kızartın. Her köftenin ortasında bir kuyu yapmak için bir kaşık kullanın. Köfteleri tavaya koyun ve orta ateşte her iki yüzünü 4-5 dakika kızartın. Sadece bir kez çevirin. Pembe eti çok sevmiyorsanız her tarafını 5-6 dakika kızartın. Çevirdikten sonra

peyniri biraz erimesi için köftelerin üzerine koyun. Körili ekşi krema ile rulonun yarısını fırçalayın, üstüne marul koyun, köfteyi üstüne koyun ve keçi peynirini kapatın ve burgeri rulonun diğer yarısıyla tarihleyin.

32. Keçi camembertli kuzu burger ve nar

içindekiler

- 4 adet pembe hamburger ekmeği
- 150 gr keçi kamembert peyniri (dilimlenmiş)
- 1 nar (küçük, çekirdekleri ayıklanmış)
- 2 avuç marul yaprağı (yıkanmış)
- Biberiye (koparılmış)

- bal

Kuzu köftesi için:

- 600-700 gr kuzu kıyma
- 20 gr zatar (Kuzey Afrika baharat karışımı)
- 1 diş sarımsak (ince doğranmış, isteğe bağlı)
- Deniz tuzu
- Biber (değirmenden)
- Zeytinyağı (kızartma için) hazırlanışı

1. Keçi kamembertli ve narlı kuzu burgerler için önce pembe burger çöreklerini hazırlayın.

2. Kuzu köftesi için tüm malzemeleri bir kapta karışmaya başlayana kadar karıştırın. Kıymayı burger çörekleriyle aynı çapta bir halkaya bastırın. Köftelere şekil verin ve bir tavada biraz zeytinyağı ile her iki tarafı yaklaşık 2 dakika kızartın. Kızarmış köftelerin üzerini keçi kamembert peyniri ile süsleyin ve graten fonksiyonlu fırında 1-2 dakika pişirin.

3. Çörekleri ortadan ikiye kesin ve yağsız tavada kızartın.

4. Çörek yarımlarını marul ve kuzu köftesi ile kaplayın. Üzerine bal gezdirin, biberiye serpin ve üzerine biraz nar taneleri serpin. Kuzu burgerini keçi kamembert peyniri ve nar ile servis edin.

33. Izgara sebzeli Hellim burger ve tabbouleh

içindekiler

- 4 hamburger ekmeği
- 1-2 paket Hellim
- zeytin yağı
- 4 marul yaprağı
- biraz maydanoz (süslemek için koparılmış)

Izgara sebzeler için:

- 1 patlıcan
- 1 sivri biber
- 1 kabak
- 4 dal biberiye
- 4 dal kekik
- 1 diş sarımsak
- 1 yemek kaşığı balzamik sirke
- 10 yemek kaşığı zeytinyağı
- tuz
- Biber (değirmenden)

tabbouleh:

- 1/2 su bardağı bulgur
- 1 çubuk (lar) taze soğan
- 1 su bardağı (s) su (sıcak)
- 2 demet maydanoz (iri)
- 1 demet kişniş

- biraz nane (taze)
- 2 limon (suyu)
- 2 yemek kaşığı zeytinyağı
- 2 domates
- tuz
- Biber (değirmenden)

Acı biber**hazırlık**

1. Izgara sebzeli Hellim burger ve tabuleli tabule için önce bulguru bir kaseye alın. Taze soğanı ince şeritler halinde kesin ve bulgurla karıştırın. Bulgurun soğan aromasını çekmesi için hafifçe yoğurun. Sıcak suyu ekleyin ve 30 dakika bekletin.

2. Maydanozu, kişnişi ve naneyi ince ince kıyın. Limon suyu ve zeytinyağını marine edip karıştırın. Tuz, pul biber ve karabiberle tatlandırıp bulgurla iyice karıştırın. Domatesleri rendeleyin ve tabouleh ile karıştırın. En az bir saat buzdolabında demlenmesine izin verin.

3. Izgara sebzeler için kekik, biberiye ve sarımsağı ince ince kıyın. Sirke ve zeytinyağı ile karıştırın, tuz ve karabiberle iyice çeşnilendirin.

4. Sebzeleri uzun, ince şeritler halinde kesin. Biraz zeytinyağı ile fırçalayın ve her tarafını kızartın. Daha sonra bitkisel yağ ile fırçalayın ve 30 dakika bekletin.

5. Hellimleri biraz zeytinyağı ile bir tavada kızartın, gerekirse biraz baharatlayın.

6. Hamburger ekmeğini yatay olarak ikiye bölün ve yağsız bir tavada kızartın.

7. Hellim, tabbouleh ve ızgara sebzeleri kalan malzemelerle birlikte hamburger ekmeğinin arasına yerleştirin, üzerine biraz zeytinyağı gezdirin ve hellim burgerini ızgara sebze ve tabbule ile servis edin.

34. Nane yoğurtlu bebek falafel burger salatalık

içindekiler

- 4 sarı hamburger ekmeği
- 2-3 bebek salatalık (alternatif olarak büyük bir salatalık)
- Bahçe teresi

falafel için:

- 500 gr nohut (konserve)
- 1/2 soğan (kırmızı)
- 2 diş sarımsak

- 1 demet kişniş
- 1/2 demet maydanoz
- 1 biber
- 1 limon
- 1 yemek kaşığı kimyon
- 1/2 yemek kaşığı tuz
- 100 gr nohut unu

Nane yoğurdu için:

- 200 ml yoğurt (Yunan usulü)
- 1/2 demet nane (ince şeritler halinde kesilmiş)
- 1/2 limon (suyu ve kabuğu rendesi)
- Deniz tuzu
- Biber (değirmenden) hazırlanışı

1. Nane yoğurtlu bebek salatalıklı falafel burgerler için ilk sarı burger çörekler hazırlanır.

2. Falafel için nohutları süzün ve suyla yıkayın. Limonu yıkayıp ovalayın, ardından suyunu sıkın.

Sarımsakları soyun ve soğanı büyük parçalar halinde kesin. Maydanoz ve kişnişi yıkayıp yapraklarını koparın. Biberleri uzunlamasına ve çekirdeğini ikiye bölün. Tüm malzemeleri bir mutfak mikserinde kremsi bir kütleye kadar püre haline getirin. Karışımı küçük köfteler haline getirin ve ardından kızgın yağda altın sarısı olana kadar kızartın.

3. Nane yoğurdu için tüm malzemeleri karıştırın.

4. Salatalıkları yıkayın ve bir soyucu ile uzunlamasına şeritler halinde kesin.

5. Bahçe teresini makasla kesin.

6. Börekleri ortadan ikiye kesip yağsız tavada kızartın.

7. Falafel, salatalık, yoğurt ve tereyi yarım ekmeklerin arasına güzelce yerleştirin ve falafel burgeri nane yoğurdu ve bebek salatalık ile servis edin.

35. Ratatouille ve mavili kuzu burger

peynir**içindekiler**

- 4 adet hamburger ekmeği
- 4 mavi peynir (8'e kadar)
- 2 avuç marul yaprağı (yıkanmış)

Kuzu köftesi için:

- 600 gr kuzu kıyma (700 gr'a kadar)
- kimyon
- 1 diş sarımsak (ince doğranmış)
- Deniz tuzu

- Öğütücüden biber)

Ratatouille için:

- 2 kabak (küçük)
- 1 dolmalık biber (kırmızı)
- 1 dolmalık biber (sarı)
- 2 kök (lar) taze soğan
- 1 yemek kaşığı domates salçası
- 1 diş sarımsak (2 adete kadar, soyulmuş)
- Zeytinyağı (kızartma için)
- 1 dal (lar) kekik
- tuz
- biber
- şeker biraz su hazırlama

1. Ratatouille ve mavi peynirli kuzu burgerler için önce börek rulolarını pişirin.

2. Kuzu köftesi için tüm malzemeleri bir kapta kaynamaya başlayana kadar karıştırın. Et

karışımını burger çörekleriyle aynı çapta bir halkaya bastırın. Köfteleri bir tavada az zeytinyağı ile her iki tarafı yaklaşık 2 dakika kızartın. Köftelerin üzerini mavi peynirle kaplayın ve graten fonksiyonlu fırında 1-2 dakika pişirin.

3. Kabakları yıkayın, boyuna ikiye bölün ve yakl. 5 mm kalınlığında. Biberleri yıkayın, ikiye bölün ve çekirdeklerini çıkarın. Hamuru küçük küpler halinde kesin. Taze soğanları temizleyin ve çapraz olarak çok ince dilimler / halkalar halinde kesin.

4. Küçük bir tencerede biraz zeytinyağını ısıtıp içinde kırmızı biber, kabak ve taze soğanı kızartın. İnce kıyılmış sarımsağı ekleyin, salçayı karıştırın ve biraz su ile deglaze edin. Tuz, karabiber ve bir tutam şekerle tatlandırıp tatlandırın. Biraz kaynamaya bırakın ve kıyılmış kekik ile bitirin.

5. Hamburger ekmeğini ikiye bölün ve yağsız tavada kızartın.

6. Yarım ruloları kuzu köfteleri ve kalan malzemelerle doldurun ve kuzu burgeri ratatouille ve mavi peynirle servis edin.

36. Yaban domuzu burgeri

içindekiler

çörek için:

- 4 çavdar rulo

köftesi için:

- 600 gr kıyılmış yaban domuzu
- 3 arpacık (ince doğranmış)
- 80 gr pastırma (küp küp doğranmış, tütsülenmemiş)

- 1/2 kereviz sapı (küçük, rendelenmiş)
- 4 yemek kaşığı galeta unu
- 2 yumurta
- 1 çay kaşığı domates salçası
- 1/2 çay kaşığı kimyon
- 1 çay kaşığı biberiye (taze doğranmış)
- 1 tutam yenibahar (öğütülmüş)
- tuz
- Biber (taze çekilmiş)

Süsleme:

- 400 gr lahana filizi
- 20 gr tereyağı
- Küçük hindistan cevizi, rendelenmiş)
- 100 gr pişmiş jambon (doğranmış)
- Fındıklı pesto (fırçalama için)

- 4 dilim Gouda peyniri
- tuz
- Biber (taze çekilmiş) hazırlama

1. Üzeri için önce lahana filizlerini yıkayıp temizleyin ve tuzlu suda yaklaşık 7-8 dakika haşlayın.

2. Filizleri, büyük çeyrekleri yarıya bölün. Tereyağını bir tencerede eritin ve içine lahana filizlerini atın. Baharatlarla tatlandırın ve doğranmış jambonu karıştırın, gerekirse biraz tereyağı ekleyin.

3. Köfteler için kıymayı bir kaseye alın ve kalan malzemelerle iyice karıştırın. Son olarak tuz ve karabiberle tatlandırın.

4. Hamuru nemli ellerle dört köfte haline getirin ve her iki tarafta yaklaşık 4-5 dakika ızgara yapın. Ruloları yarıya bölün ve kesilmiş yüzeyleri ızgarada kızartın.

5. Topuzun alt yarısını fındıklı pesto ile fırçalayın. Sıcak köfteleri üstüne koyun ve peynir dilimleriyle kaplayın, erimeleri gerekir.

6. Üzerine lahana filizlerini koyun ve topuzun üst yarısını yaban domuzu burgerlerinin üzerine yerleştirin.

37. Sörf ve Çim Burger

içindekiler

Burger için:

- 200 gr dana kıyma

- 2 hamburger ekmeği

- 10 karides (önceden pişirilmiş ve soyulmuş)

- 2 dilim çedar peyniri

- 4 yemek kaşığı kokteyl sosu
- 4 yemek kaşığı tartar sosu
- 4 adet marul yaprağı (tercihinize göre)
- 3 kokteyl domates
- 1/2 çay kaşığı deniz tuzu
- 1/2 pul biber (istediğiniz renk)
- 1/2 çay kaşığı biber
- Tere (taze) hazırlama

1. Kıymayı deniz tuzu ve karabiberle tatlandırıp köfte şekli verin.

2. Damak zevkinize bağlı olarak orta derecede doğrudan orta ateşte tel ızgara üzerinde orta ila iyi pişmiş ızgara yapın.

3. Çevirdikten kısa bir süre sonra üzerine iki kaşar dilimini yerleştirin.

4. Köfteyi kızartırken karidesleri pişene kadar ızgara yapın. Izgaradan düşmemeleri için bunun için bir ızgara plakası kullanılması tavsiye edilir (dikkat: karidesler çabuk kuruyabilir).

5. Un, tuz, karabiber ve şekeri bir dondurucu poşetine koyun ve halka halka doğranmış soğanı ekleyin ve poşeti sallarken soğan halkalarını un serpin. Daha sonra kızgın ayçiçek yağında tavada kavrulmuş soğanları kızartın.

6. Topuz kesim yüzeylerini kızartın ve üstüne iki marul yaprağı yerleştirin.

7. Köfteyi ortadan kesin (dikey olarak!). Her birinin yarısını topuzun altına yerleştirin.

8. Üzerine bir tutam tartar sosu koyun ve üzerine domates ve kızarmış soğan koyun.

9. Şimdi çöreklerin iki serbest yarısını her biri üç scampi ile doldurun. Üzerine kokteyl sosu gezdirin, şeritler halinde kesilmiş kırmızı biberle kaplayın ve üzerine tere serpin.

10. Çöreklerin üst kısımlarını yerleştirin, hafifçe bastırın ve servis yapın.

38. Çekilmiş Hindi Burger

içindekiler

- mayonez
- 1 salatalık
- 2 soğan (kırmızı)
- 4 adet siyah hamburger ekmeği Çekmek için

hindi:

- 4 hindi bacağı
- 4 yemek kaşığı Kabak Baharatı
- 1 yemek kaşığı pul biber

- 1 çay kaşığı tuz
- 1 çay kaşığı karabiber (değirmenden)
- 1 soğan (kırmızı)
- 250 ml sebze çorbası
- 50 gr şeker (kahverengi)
- 1 çay kaşığı akçaağaç şurubu
- 2 yemek kaşığı bal hardal
- 1 yemek kaşığı soya sosu hazırlanışı

1. Çekme hindi burgerler için önce fırını 130 °C alt ısıda ısıtın.

2. Çekilmiş Hindi Kabak Baharatı için kalan baharatlarla karıştırın. Hindi budu yıkayın, kurutun ve baharatlarla ovalayın. Soğanları soyun ve ince parçalar halinde kesin. Çorba, şeker, akçaağaç şurubu, hardal ve soya sosunu karıştırın.

3. Soğanı fırına dayanıklı bir tavaya koyun, üzerine hindi budu yerleştirin ve sıvıyı üstüne dökün.

4. Kavurma makinesini kapatın ve etin yaklaşık 4 saat pişmesine izin verin. O zaman onu ayırmak ve bir çatalla kemiğinden ayırmak kolay olmalı.

5. Bu sırada siyah hamburger ekmeği hazırlayın. Salatalığı yıkayın ve ince dilimler halinde kesin. Kırmızı soğanı soyun ve halkalar halinde kesin. Marulu yıkayıp temizleyin ve büyük parçalara ayırın.

6. Hamburger ekmeğini çapraz olarak ikiye bölün, her iki yarısını da bolca mayonezle kaplayın ve alt yarısını marul yapraklarıyla kaplayın. Üzerine çekilmiş hindiyi yayın, üzerine biraz sos gezdirin, üzerine salatalık ve soğan serpin ve çöreğin üst yarısını kapatın.

7. Çekilmiş hindi burgerini servis edin.

39. Kepekli tost üzerine gratenli burger

içindekiler

- 400 gr kıyma (dana, yağsız)
- 1 rulo ekmek
- su
- 100 gr soğan
- 1 yemek kaşığı ayçiçek yağı
- 1 yemek kaşığı maydanoz
- 1 yemek kaşığı soya unu
- tuz
- Biber, hindistan cevizi

- Mercanköşk

Kızartmak:

- 20 gr margarin

Gratenleme için:

- 1 paket mozzarella peyniri (125 gr)
- 50 gr taze soğan Vatandaşlar:
- 1/4 baş salata
- 4 dilim kepekli tost

hazırlık

1. Süzme burger için marulu yıkayın ve taze soğanları halka halka doğrayın.
2. Ekmek rulosunu suya batırın ve iyice sıkın.
3. Soğanları ince ince doğrayın, altın rengi olana kadar kızartın,
4. Kıymayı diğer tüm malzemelerle güzelce karıştırıp köfteler yapın ve her iki tarafını da kızartın.
5. Taze soğan ve mozzarella dilimleri ile süsleyin.

6. Önceden ısıtılmış 200°C fırında yaklaşık 10 dakika gratine edin.

7. Tam tahıllı tostu kızartın, bir marul yaprağıyla kaplayın ve üzerine gratenlenmiş burgeri yerleştirin.

40. Tavuklu waffle burger

içindekiler

- 450 ml süt
- 120 gr tereyağı
- 280 gr buğday unu

- 2 çay kaşığı kabartma tozu
- 140 gr çedar
- 2 dal maydanoz (pürüzsüz)
- 2 yumurta
- 2 çay kaşığı tuz
- Yağ (yağlamak için)
- 2 domates
- 5 marul yaprağı (buzdağı marul)
- 600 gr tavuk göğsü
- tuz
- Biber (taze çekilmiş)
- 2 yemek kaşığı sıvı yağ
- 6 yemek kaşığı. tatlı biber sosu hazırlanışı

1. Sütü küçük bir tencerede ısıtın ve içindeki tereyağını eritin. Tencereyi ocaktan alın ve tereyağı-süt karışımını soğumaya bırakın.

2. Unu kabartma tozu ile karıştırın. Kaşar peyniri çok ince rendeleyin. Maydanozu yıkayın, mutfak kağıdıyla kurulayın ve ince doğrayın.

3. Yumurtaları bir kapta tuzla karıştırın, ardından unu iyice karıştırın. Tereyağı ve süt karışımını ekleyin. Son olarak kaşar peyniri ve maydanozu karıştırın.

4. Waffle demirini ısıtın ve yağ ile fırçalayın. Waffle makinesine bir kepçe hamur koyun ve waffle'ı altın kahverengi olana kadar pişirin. Waffle'ı waffle makinesinden çıkarın ve sıcak tutun. 9 waffle daha pişirin.

5. Bu sırada domatesleri yıkayıp dilimler halinde kesin. Marulu yıkayıp gofret büyüklüğünde parçalar koparın. Tavuk filetoları yıkayın, mutfak kağıdıyla kurulayın ve ince şeritler halinde kesin. Tuz ve biber.

6. Yağı bir tavada ısıtın ve içindeki tavuk şeritlerini kızartın. Biber sosunu ekleyip orta ateşte etler pişene kadar kısa bir süre kavurmaya devam edin.

7. Sıcak etli en iyi 5 waffle, peynirle kaplayın. Üzerine domatesleri ve marulu yayın ve kalan

5 waffle ile kaplayın. Waffle burgerini hemen servis edin.

41. Kenevir unlu hamburger ekmeği

içindekiler

- 1 paket kuru maya

- 200 ml süt

- 1 tutam şeker

- 170 gr buğday unu (pürüzsüz)

- 40 gr kenevir unu

- biraz hindistan cevizi
- 1 çay kaşığı köri tozu
- 1/2 çay kaşığı tuz

-
-

1 yumurta

3 yemek kaşığı zeytinyağı

hazırlanışı

1. Kuru ruşeymi süt, şeker ve bir miktar buğday unu ile karıştırın ve nemli bir bezle örtülü ılık bir yerde yaklaşık 15 dakika mayalanmaya bırakın.

2. Daha sonra kalan un, kenevir unu, hindistan cevizi, köri tozu, tuz, sıvı yağ ve yumurta sarısı (yumurtanın beyazını fırçalamak için kenara koyun) ile pürüzsüz bir hamur elde edene kadar yoğurun. Min. 30 dakika yükselmeye bırakın.

3. Hamuru bir kez daha yoğurun, rulo haline getirin ve 6 eşit parçaya bölün. Hamur pürüzsüz bir yüzey elde edene kadar her bir parçayı avuç içleriniz arasında gevşekçe çevirin.

4. Yağlı kağıt serili fırın tepsisine (birbirine çok yakın olmayacak şekilde) yerleştirin ve tekrar

yakl. 15 dakika. Üzerine yumurta beyazı sürün ve önceden ısıtılmış 220°C fırında yaklaşık 15 dakika pişirin.

42. Ton balıklı burger

içindekiler

- 600 gr ton balığı (taze, sashimi kalitesinde)
- 1 demet maydanoz
- 1 demet fesleğen
- 1 demet nane
- 4 sap(lar) taze soğan
- 1 tutam kişniş (öğütülmüş)

-
-
- 1 limon (suyu ve limon kabuğu rendesi)
- 1 biber (ince doğranmış)
- 2 yemek kaşığı zeytinyağı

    tuz

    Biber (taze çekilmiş)
- Lahana Yaprakları
- 4 ciabatta rulosu (veya burger rulosu)
- 1 adet limon (dilimlenmiş)
- Ketçap**hazırlık**

1. Ton balıklı burger için ton balığı, otlar, taze soğan, kişniş ve limon kabuğu rendesini bir kapta acı biberle karıştırın. Alternatif olarak, daha ev yapımı bir versiyon istiyorsanız, tüm malzemeleri ince ince doğrayın ve iyice karıştırın.

2. Karışımı temiz bir çalışma yüzeyine koyun ve 4 parçaya bölün. Ton balığını doğrayın ve hamburger köftelerine bölün (İPUCU: balık

ıslak elle çok fazla yapışmaz), önce yuvarlak şekil verin ve ardından elinizle bastırın.

3. Bitmiş ton balığı köftelerini streç film veya benzeri bir şeyle yarım saat dinlendirin. Tavayı veya en iyisi ızgarayı önceden ısıtın.

   Köftelerin her iki tarafını da yağlayın ve tuz ve karabiber serpin.

4. Her bir somunu yakl. Her iki tarafta veya herhangi bir pişirme seviyesinde 2 dakika.

5. Hamburger çöreklerini bir ızgara tabağında / veya kaburgalı tavada hafifçe kızartın ve ardından her bir burgeri ton balığı köftesi ile doldurun. Ketçap, marine edilmiş marul yaprakları ve isterseniz bir dilim domates ile süsleyin.

-
-

43. Pastırma burgeri

içindekiler

- 500 gr kıyma (karışık)

6 adet rulo ekmek (satın alınmış veya ev yapımı)

120 gram pastırma

- 1 adet soğan
- 1 domates

- 6 dilim Gouda
- 6 marul yaprağı
- Ketçap

-
-

tuz mayonez

biber yapımı

1. Pastırma burger için eti tuz ve karabiberle tatlandırın, ince dilimler oluşturun ve az yağda kızartın.

2. Pastırmayı çıtır çıtır olana kadar kızartın. Çörekleri parçalara ayırın. Önce ketçap ile fırçalayın, ardından eti üstüne koyun ve ardından domates, soğan, marul ve domuz pastırması ile doldurun.

3. Mayonez ile süsleyin.

44. Yaz burgeri

-
-

içindekiler

- 1 domates
- 1 mozzarella
- 10 gün domuz pastırması
- 1 bilgisayar. Baget (rustik veya ciabatta)
- 1 paket marul karışımı
- 1/2 bardak ağır krema
- 1 1/2 yemek kaşığı mayonez

  400 gr tavuk (fileto veya şnitzel)

  2 diş sarımsak (küçük)

  1 yemek kaşığı hardal

- 4 yemek kaşığı zeytinyağı

1/2 limon**hazırlık**

1. Yaz burgeri için eti temizleyip zeytinyağı, hardal, tuz ve karabiber ve yarım limon suyu ile marine edin.

2. Sos için kremayı mayonezle pürüzsüz olana kadar karıştırın ve sarımsak, tuz, karabiber ve hardalla tatlandırın.

3. Domatesleri ve mozzarellayı dilimler halinde kesin, marulu yıkayın. Eti tavada yağ eklemeden kızartın ve hazırlanan diğer malzemelerle birlikte servis edin.

45. Yeşil Büyülü Kaplumbağa Burger

-
-

içindekiler

- 200 gr yeşil kabuk
- 2 adet yumurta
- 2 yemek kaşığı. salça
- 80 gr havuç
- 400 ml sebze çorbası
- 1 çay kaşığı tuz
- 4 domates (küçük)

1/2 parça turp

400 ml sıvı yağ (kızartma için)

8 marul yaprağı (büyük)

- Biber (taze rendelenmiş)
- Otlar (doğranmış, tadı) hazırlanması

1. Yeşil yazıldığından kaplumbağa burgeri için, yeşil yazıldığından irmikli çorbayı kaynatın ve yaklaşık 15 dakika pişirin, ardından kapatın ve örtün ve 15 dakika daha ıslanmasına izin verin.

2. Havucu doğrayın, yumurtaları ve tuzu, biberi, salçayı ve otları irmik ile karıştırın. Köftelere şekil verin ve kızgın yağda kızarana kadar pişirin.

3. Rulo ekmeği kesin, sıcak etiketler koyun, domates başlarını ve turp bacaklarını ve kuyruklarını kesin.

4. Olgunlaşmamış Kaplumbağa Burger Marul yaprakları üzerinde servis yapın.

SEBZE BURGER

-
-

46. Suşi burgeri

içindekiler

- 250 gr suşi pirinci
- 375 ml sebze suyu veya yosun suyu
- 2 yemek kaşığı limon suyu
- 2 çay kaşığı pirinç şurubu
- 2 yemek kaşığı pirinç sirkesi
- tuz

Kızartmak için 2 yemek kaşığı susam yağı

¼ salatalık

1 havuç

- ½ avokado
- ½ çay kaşığı wasabi
- 4 hamburger ekmeği
- 4 tatlı kaşığı zencefil turşusu (gari)
- 15 gr kavrulmuş susam
- 130 gr wakame yosun salatası (goma wakame)

Hazırlık

1. Pirinci yıkayın, sebze suyuyla birlikte bir tencereye koyun, yaklaşık 10 dakika bekletin, sonra kaynatın ve kapağı kapalı olarak düşük ila orta ateşte pişirin. Pirinci ocaktan alıp 5 dakika dinlendirin.

2. Pirinç sirkesi, pirinç şurubu ve tuzu karıştırın ve pirince karıştırın. Hafifçe soğumaya bırakın. Daha sonra nemli ellerle dört köfteye

-
-

    şekil verin ve orta ateşte susam yağında pişirin.

3. Bu arada salatalığı temizleyip yıkayın ve çok ince dilimler halinde kesin. Havucu soyun ve ince şeritler halinde kesin. Avokadonun içindeki taşı çıkarın, kabuğunu çıkarın, kalan limon suyu ve wasabi ile bir kaseye koyun ve bir çatalla ezin.

4. Hamburger ekmeğini kızartın, tabana avokado wasabi kremasını yayın, üstüne salatalık, havuç ve gari koyun, pirinç köftesini ekleyin ve yosun salatası ve susam tohumlarını servis edin. Burger kapağını kapatın ve sıcağın tadını çıkarın.

47. Peynirli ve domuz pastırmalı burger

İçindekiler:

- 250 gr dana kıyma
- 15 gr füme pastırma dilimleri
- 2 hamburger ekmeği
- 2 marul yaprağı
- 2 diş sarımsak
- 2 dilim sarı peynir
- 2 yemek kaşığı yağ
- 1 kırmızı soğan

-
-
- 1 salatalık turşusu

- 1 yumurta

- 0,5 çay kaşığı sıcak, öğütülmüş acı biber

- 0,5 çay kaşığı öğütülmüş zencefil

- yeşil maydanoz

- tuz

- biber

hazırlık:

1. Sebzeleri yıkayıp suyunu süzün. Soğanı soyun ve ince dilimler halinde kesin. Börekleri ortadan ikiye kesin ve yağsız kızgın tavada kızartın.

2. Kızarmış ruloların üzerine marul yapraklarını ve dilimlenmiş soğanı koyun. Füme pastırmayı yağsız sıcak bir tavaya koyun, kahverengileştirin ve kalan malzemeleri ekleyin.

3. Kıymayı bir kaseye alın, soyulmuş ve preslenmiş sarımsak, ince kıyılmış yeşil maydanoz ve doğranmış salatalık turşusu ekleyin.

4. Daha sonra bu malzemeleri karabiber, tuz, öğütülmüş zencefil, kırmızı biber serpin, ardından yumurtayı ekleyin ve hepsini dikkatlice yoğurun.

elle. Hazırlanan malzemelerden pirzola oluşturun ve altın kahverengi olana kadar her iki tarafta kızartın.

5. Köftelerin diğer tarafını kızartırken, üzerlerine sarı dilimleri koyun ve peynir eriyene kadar kapağı kapalı olarak kızartın. Daha sonra ocaktan alın, malzemeleri ekleyin ve üzerine kızarmış ekmeğin üst yarısını koyun.

48. Yeşil Spelled Burger

içindekiler
- 3 arpacık
- 3 yemek kaşığı tereyağı
- Yazıldığından yemekle karıştırılmış 150 yeşil yazıldığından yemek
- 500 ml sebze suyu
- 50 gr rendelenmiş gouda
- 20 gr maydanoz (1 demet)
- 100 gr soya peyniri
- 1 yemek kaşığı yemek nişastası
- 1 yumurta

- 1 protein
- tuz

- biber
- 1 domates
- ½ soğan
- 2 marul yaprağı
- 4 hamburger ekmeği
- 4 çay kaşığı mayonez
- 4 tatlı kaşığı ketçap

Hazırlama aşamaları

1. Arpacıkları soyun ve doğrayın. 1 yemek kaşığı tereyağını bir tavada ısıtıp arpacık soğanlarını orta ateşte şeffaflaşana kadar kavurun. Ezilmiş tahılı ekleyin ve kısaca soteleyin, ardından et suyuyla deglaze edin ve düşük ateşte yaklaşık 10 dakika bekletin. Peyniri karıştırın, tavadan çıkarın ve soğumaya bırakın.

2. Maydanozu yıkayın, sallayın, doğrayın ve lor, nişasta, yumurta ve yumurta akı ile karıştırın. Tuz ve karabiberle tatlandırın. Daha sonra yeşil kavuzlu karışımdan 4 köfteye şekil verin ve tereyağlı bir tavada her iki tarafı altın rengi olana kadar kızartın.

3. Domatesleri yıkayıp dilimleyin. Soğanı soyun ve halkalar halinde kesin. Marul yapraklarını yıkayın ve kurulayın.

4. Topuzu kesin, kızartın, alt yarısını mayonezle kaplayın, üzerine marul yapraklarını koyun, köftelerin üzerine koyun, üzerlerine domates dilimleri ve soğan halkalarını dökün, biraz ketçap ve çöreğin üst yarısını ekleyin.

49. Fasulyeli ve nohutlu burger

İçindekiler:

- Bir turşu içinde 400 gr siyah fasulye
- 400 gr nohut salamura
- 200 gr mısır salamura
- 15 gr rendelenmiş sarı peynir
- 2 domates

- 2 hamburger ekmeği

2 yaprak Çin lahanası

2 yemek kaşığı yağ

2 diş sarımsak

- 1 marul

- 1 kırmızı soğan hazırlanışı:

1. Börekleri ortadan ikiye kesin. Tüm sebzeleri yıkayıp suyunu süzün. Soğanı soyun ve ince dilimler halinde kesin. Çin lahanasını ince ince doğrayın.

2. Fasulyeyi, nohutu ve mısırı turşunun içinden süzdükten sonra bu malzemelerin her birini ikiye bölün. Ardından, bölünmüş malzemelerin yarısını elektrikli bir karıştırıcı ile karıştırın ve tüm malzemelerin diğer yarısı ile karıştırın.

3. Karıştırılan malzemelere rendelenmiş peyniri ekleyin, hepsini tekrar karıştırın ve ardından elinizle küçük küpler oluşturun. Sarımsakları kabuğundan soyun ve kızgın yağda soteleyin.

4. Oluşan pirzolaları rendelenmiş sarımsağa ekleyin ve kapağı kapalı olarak peynir eriyene

kadar kısık ateşte kızartın. Daha sonra ocaktan alın ve dilimlenmiş rulolara koyun. Dilimlenmiş domates, soğan, marul ve Çin lahanasını ekleyin.

50. Mantar, peynir, kereviz ve elmalı burger

İçindekiler:

- 150 gr kereviz

- 15 gr rendelenmiş peynir

- 2 elma

- 2 büyük mantar

- 2 dilim kepekli ekmek

- 2 yemek kaşığı zeytinyağı

1 kırmızı biber 1

yemek kaşığı tereyağı

bir demet taze

fesleğen

- tuz
- biber

hazırlık:

1. Sebze ve meyveleri yıkayıp sudan süzün. Ekmek dilimlerinin kabuklarını çıkarıp bir tabağa alın.

2. Biberlerin çekirdeklerini çıkarın, ince dilimler halinde doğrayın ve 1 yemek kaşığı zeytinyağı ile tavaya alın, bir tutam tuz serpip 1,5 dakika kavurun.

3. Kızartılmış yağı boşaltın ve ekmek dilimlerinin üzerine koyun. Kerevizi soyun ve iri gözlü bir sebze rendesi üzerine rendeleyin.

4. Elmaları soyun, çekirdeklerini çıkarın, posayı küçük küpler halinde kesin, rendelenmiş

kerevizle birleştirin ve 1 yemek kaşığı zeytinyağını dökün.

5. Dökülen malzemeleri karıştırın ve ekmeğe ekleyin. Mantarları temizleyin, 2 su bardağı hafif tuzlu su ekleyin, kaynatın ve süzün. Soğanı soyun, küp küp doğrayın ve kızgın yağda soteleyin.

6. Daha sonra vitrifiye mantarları koyun, karabiber, tuz ve rendelenmiş peynir serpin ve 170 dereceye ısıtılmış fırına verin. Peynir eriyene kadar pişirin, ardından fırından çıkarın ve tabağa ekleyin. Her şeyi fesleğen yapraklarıyla süsleyin.

51. Tofu polenta burgeri

içindekiler

- 4 tam tahıllı ekmek ruloları

    400 gr tofu (4 eşit büyüklükte dilimde)

    4 erik domates

    ½ salatalık

- 4 yaprak lollo biondo
- 1 yemek kaşığı tam buğday unu
- 2 yemek kaşığı mısır irmik
- 2 yemek kaşığı tam tahıllı ekmek kırıntıları
- 1 yemek kaşığı kıyılmış maydanoz
- tuz
- biber
- 2 yemek kaşığı sıvı yağ

Hazırlık adımları

1. Çöreği yarıya bölün. Tofuyu boşaltın ve ardından kurulayın. Domatesleri yıkayın, sapını çıkarın ve dilimler halinde kesin. Salatalığı yıkayın ve çok ince dilimler halinde kesin.

Marul yapraklarını temizleyin, yıkayın ve kurulayın.

2. Unu 3-4 yemek kaşığı su ile karıştırın. Mısır irmiklerini galeta unu ve maydanozla karıştırın. Tofuyu tuzlayıp biberleyin ve irmik, kırıntılar ve otlar karışımıyla birlikte un sıvısı ve ekmeğin içine atın. Yağı sıcak bir tavada ısıtın, ardından köfteleri altın kahverengi olana kadar 4-5 dakika kızartın.

3. Topuzun alt yarısını domates, salatalık ve marulla kaplayın ve üstüne tofu burgerini yerleştirin. Ekmek rulosunun kapağını kapatın ve burgeri ketçap ile servis edin.

52. Quinoa ve sebze burgerleri

İçindekiler:

- 200 gr mısır salamura
- Turşu içinde 200 gr siyah fasulye
- 2 yemek kaşığı yağ
- 1 su bardağı kinoa
- 1 avuç taze ıspanak
- 1 yemek kaşığı domates salçası
- 1 yemek kaşığı ekmek kırıntısı
- 1 çay kaşığı öğütülmüş acı biber

- 1 çay kaşığı granül sarımsak

- 0,5 çay kaşığı öğütülmüş kimyon

- tuz hazırlama:

1. Ispanağı yıkayıp süzün ve ince ince doğrayın. Mısır ve siyah fasulyeyi turşudan boşaltın ve bir kaseye dökün.

2. Kinoayı akan su altında durulayın, bir tencereye dökün, 2 bardak hafif tuzlu su dökün ve yumuşayana kadar pişirin. Pişirdikten sonra,

kinoayı buharlaştırın ve bir kapta süzülmüş siyah fasulye ve mısıra ekleyin.

3. Doğranmış ıspanak, galeta unu, toz sarımsak, öğütülmüş kimyon, kırmızı biber ekleyin ve salçayı dökün.

4. Her şeyi iyice karıştırın ve elle küçük pirzolalar oluşturun. Bir tavada kızgın yağa alıp orta ateşte her iki tarafı pembeleşinceye kadar kızartın. Daha sonra ateşten alın ve tahtaya koyun.

53. Tofu-Burger

İçindekiler

- 200 gr kabak
- 2 taze soğan
- 1 diş sarımsak
- 1 ½ el zeytinyağı
- 2 akçaağaç şurubu
- 1 beyaz şarap sirkesi
- 1 küçük kuru acı biber
- tuz
- biber
- 20 gr zencefil (1 adet)
- 2 yoğurtlu salata kreması
- 1 küçük domates
- 2 büyük marul yaprağı (örneğin lollo bionda)
- 2 tam tahıllı hamburger ekmeği
- 250 gr tofu
- 2 susam

Hazırlık adımları

1. Balkabağını soyun ve gerekirse tohumları çıkarın. Kabak etini 5 mm küpler halinde kesin.

2. Taze soğanları temizleyip yıkayın ve ince ince doğrayın. Sarımsakları soyun ve doğrayın.

3. 1 yemek kaşığı yağı bir tavada ısıtın, soğan ve sarımsağı 3 dakika rengi dönene kadar soteleyin.

4. Akçaağaç şurubu ekleyin ve hemen sirkeyi karıştırın.

5. Kabak küplerini ekleyin, acı biberi ufalayın ve biraz su ekleyin. Örtün ve orta ateşte yaklaşık 12 dakika hafifçe pişirin (gerekirse pişirme süresi boyunca biraz su ekleyin). Tuz ve karabiberle tatlandırıp kenara alın.

6. Zencefili soyun, ince rendeleyin ve salatanın kremasıyla karıştırın.

7. Domatesleri yıkayın, kurulayın ve sapını kama şeklinde kesin. Domatesi dilimler halinde kesin. Marul yapraklarını yıkayıp kurulayın.

8. Hamburger ekmeğini ikiye bölün ve tost makinesinde veya sıcak ızgaranın altında hafifçe kızartın.

9. Tofuyu 1 cm kalınlığında dilimler halinde kesin. Hafif yağlanmış ızgara tavasında her iki tarafını 1-2 dakika kızartın.

10. Yuvarlakların alt yarısına marul, domates dilimleri, balkabağı kompostosu ve zencefilli krema koyun.

11. Tofu dilimlerini ve çöreğin yarısını üstüne yerleştirin. Üzerine susam serperek servis yapın.

54. Domates soslu hamburger

İçindekiler:

- 3 yemek kaşığı sıvı yağ
- bir demet taze ıspanak
- biber
- tuz

Burger:

- 400 gr dana kıyma
- 1 soğan
- 1 yumurta
- 1 çay kaşığı öğütülmüş kişniş
- 1 çay kaşığı kuru kekik
- 0,5 çay kaşığı öğütülmüş kırmızı biber

S.o.s:

- 6 kiraz domates
- 2 yemek kaşığı domates salçası
- 1 çay kaşığı tabasco sosu
- 1 yemek kaşığı sıvı yağ

- 1 diş sarımsak
- 0,5 çay kaşığı öğütülmüş hardal

hazırlık:

1. Sebzeleri yıkayıp suyunu süzün. Ispanağı bir tabağa koyun.

2. Burgerleri hazırlayın: kıyılmış eti bir kaseye koyun. Soğanı soyun, ince doğrayın, bir tavada 1 yemek kaşığı sıvı yağda soteleyin ve bir kapta kıymaya ilave edin. Üzerine bir yumurta ekleyin, öğütülmüş kişniş, pul biber ve kuru kekik ekleyin. Bir tutam tuz ve karabiberle tatlandırıp elinizle iyice yoğurun. Hazırlanan malzemelerden pirzola oluşturun ve

   bir tavada 2 yemek kaşığı kızgın yağda her iki tarafı da altın rengi olana kadar kızartın. Kızaranları ocaktan alıp yağını süzün ve tabaktaki ıspanaklara ekleyin.

3. Sosu hazırlayın: çeri domatesleri küçük küpler halinde kesin. Sarımsakları kabuğundan soyun, ince doğrayın ve bir tavada 1 yemek kaşığı kızgın yağda soteleyin. Sırlı sarımsağa doğranmış domatesleri ekleyin, bir tutam tuz, karabiber, öğütülmüş hardal serpin ve orta

ateşte 1,5 dakika kızartın. Daha sonra kızarmış malzemelere salçayı ekleyin, tabasco sosu ekleyin, karıştırın ve üstü kapalı olarak 1,5 dakika daha güveç yapın. Bu süreden sonra her şeyi ocaktan alın ve önceden kızartılmış burgerleri koyun.

56. Izgaradan nohut burger

içindekiler

- 100 gr bulgur

- 340 gr nohut

- 1 avuç marul yaprağı (örneğin roka, hindiba marul)

- 8 kiraz domates
- 1 kırmızı soğan
- ½ perde düz yaprak maydanoz
- 2 beyaz soğan
- 2 diş sarımsak
- tuz
- biber
- kimyon
- biber tozu
- 20 gr kepekli buğday unu (1 yemek kaşığı)
- 1 tatlı kaşığı kabartma tozu
- 50 gr tam tahıllı ekmek kırıntıları
- ½ kırmızı biber
- 3 dal kişniş
- 1 yumurta
- 4 tam tahıllı ekmek ruloları
- 5 gr tereyağı (1 çay kaşığı)

Hazırlık aşaması

1. Bulgur burgeri için paketin üzerindeki tarife göre pişirin. Nohutları bir elek içine dökün, akan su altında durulayın, boşaltın.

2. Bu arada marul yapraklarını yıkayın ve kurutun. Domatesleri yıkayın, ikiye bölün. Kırmızı soğanı soyun ve ince halkalar halinde kesin.

3. Maydanozu yıkayın, sallayın ve yapraklarını çıkarın. Beyaz soğanları ve sarımsağı soyun ve kabaca doğrayın.

4. Nohut, bulgur, beyaz soğan, sarımsak ve maydanozu blenderdan geçirin. Tuz, karabiber, kimyon ve pul biber ile iyice tatlandırın.

5. Unu kabartma tozu ve galeta unu ile bir kapta karıştırın ve nohut karışımı ile yoğurarak sert bir hamur elde edin.

6. Yarım biberi temizleyip yıkayın ve ince ince doğrayın. Kişnişi yıkayın, kurutun ve ince doğrayın. Dolmalık biber, kişniş ve yumurtayı nohut karışımına yoğurun ve tadına bakın.

7. Karışımı 4 büyük hamburger şeklinde şekillendirin ve ara sıra dikkatlice çevirerek, her iki tarafı altın rengi olana kadar yaklaşık 15 dakika sıcak ızgarada kızartın.

8. Bu arada ruloları ortadan ikiye kesin. Tereyağını yapışmaz bir tavada ısıtın ve ekmek rulolarını kesim yüzeyinde altın rengi olana kadar kızartın.

9. 4 tabağın her birine 2 rulo yarım yerleştirin, marulla kaplayın, tuz ve karabiber ile çeşnilendirin. Her iki yarısına 4 domates ve birkaç soğan halkası, diğer yarısına nohut burgeri koyun ve hemen servis yapın.

57. Sebzeli çizburger

İçindekiler:

- 100 gr rendelenmiş Gouda peyniri
- 3 yemek kaşığı sıvı yağ
- 2 domates
- 1 baget
- 1 patlıcan
- yeşil maydanoz
- tuz
- öğütülmüş karabiber
- yeşil dereotu hazırlanışı:

1. Tüm sebzeleri ve otları yıkayıp süzün. Domatesleri ve patlıcanı ince dilimler halinde kesin. Bageti 1 cm kalınlığında dilimler halinde kesin ve üzerine yağ gezdirin.

2. Daha sonra üzerlerine rendelenmiş Gouda peyniri serpin ve üzerine önceden doğranmış domatesleri yerleştirin. Üzerine bir kat daha rendelenmiş peynir ve patlıcan koyun.

3. Her şeyi bir tutam tuz ve karabiber serpin, ardından 175 ° C'ye ısıtılmış fırına koyun ve peynir tamamen eriyene kadar pişirin. Peynir eriyince fırından çıkarın, bir tabağa koyun ve üzerine kıyılmış yeşil maydanoz ve dereotu serpin.

58. Nohut köfteli vegan burger

içindekiler

- 2 büyük, sarı yadigarı domates
- 4 kornişon
- 1 avuç bebek ıspanak
- 1 adet sivri biber 1 adet arpacık soğanı
- 3 kahverengi mantar
- 240 gr nohut (cam; süzülmüş ağırlık)
- 3 yemek kaşığı ince yulaf gevreği
- 1 yemek kaşığı tahin

- tuz

- biber

- 1 yemek kaşığı zeytinyağı

- 4 çok tahıllı rulo

Hazırlık adımları

1. Domatesleri yıkayın, sapını kesin ve domatesleri yakl. 1 cm kalınlığında dilimler. Salatalıkları süzün ve renkli bir bıçakla dilimler halinde kesin. Ispanağı yıkayın ve kurutun. Bazı yaprakları ince ince doğrayın. Biberleri yıkayın, çekirdeklerini çıkarın ve ince doğrayın. Havucu soyun ve ince doğrayın. Mantarları temizleyip mümkün olduğunca küçük doğrayın. Nohutları süzüp süzün. Daha sonra ince ince püre haline getirin ve doğranmış ıspanak, biber ve mantar ile bir kapta karıştırın. Yulaf gevreği ve tahin ekleyin ve tuz ve karabiberle iyice çeşnilendirin. Karışımı iyice yoğurun ve yaklaşık 10 dakika demlenmesine izin verin. Bundan sonra hala çok yumuşaksa, birkaç tane daha yulaf ezmesi ekleyin. Karışımı 4 köfte şeklinde şekillendirin.

2. Zeytinyağını bir tavada ısıtın ve içindeki köfteleri her iki tarafta yaklaşık 3 dakika kızartın. Ruloları yarıya bölün ve birkaç ıspanak yaprağı, domates, turşu ve her biri bir köfte ile doldurun. Roll-on topun üst kısmını yerleştirin, dilediğiniz gibi bir şiş ile sabitleyin ve servis yapın.

59. Salatalı mantarlı soğanlı hamburger

İçindekiler:

- 2 rulo genellikle
- 2 büyük mantar
- 2 soğan
- 1 çay kaşığı kuru kekik
- 1 yemek kaşığı esmer şeker
- 0,5 su bardağı kırmızı yarı tatlı şarap
- 0,5 çay kaşığı öğütülmüş kimyon

- kızartma yağı
- tuz
- biber

Salata:

- 2 armut
- 2 su bardağı kaynar su
- 1 çeyrek kırmızı lahana
- 1 yemek kaşığı zeytinyağı
- 0,5 su bardağı dövülmüş ceviz• 0,5 çay kaşığı pudra şekeri
- bir demet roka hazırlığı:

1. Sebzeleri, armutları ve mantarları yıkayıp süzün. Roketi bir tabağa koyun. Ruloları ikiye bölün ve tabaktaki rokaya ekleyin. Mantarların zarlarını ve çubuklarını çıkarın, bir tutam tuz serpin ve tavadaki sıcak, derin yağa koyun. Mantarları altın rengi olana kadar orta ateşte kızartın. Kahverengiyi ısıdan çıkarın, yağı boşaltın ve kesilmiş rulolara ekleyin. Soğanların kabuklarını soyun, ince dilimler

halinde doğrayın ve başka bir tavada 3 yemek kaşığı kızgın yağda kızartın. Sırlı soğanın içine kuru kekik, öğütülmüş kimyon ve kahverengi şeker dökün. Malzemeleri karıştırın ve şeker eriyene kadar kızartın. Ardından kırmızı şarabı içine dökün ve kapağı kapalı olarak şarabın yarısı buharlaşana kadar pişirin. Sonra ateşten alın,

2. Salatayı hazırlayın: kırmızı lahanayı kalın bir sebze rendesi üzerine rendeleyin, bir elek üzerine koyun, kaynar suyla haşlayın, bir kaseye koyun ve üzerine pudra şekeri serpin. Armutları çekirdeklerinden çıkarın, küçük parçalar halinde kesin ve bir kasedeki lahanaya ekleyin. Ezilmiş cevizleri dökün, tamamına zeytinyağı serpin, karıştırın ve bir tabağa bütününe ekleyin.

60. Mercimek Burger

içindekiler

- 250 gr kırmızı mercimek
- 1 diş sarımsak
- 1 küçük kırmızı sivri biber
- 3 yemek kaşığı soya unu
- 80 gr yulaf ezmesi
- tuz
- biber
- ½ çay kaşığı zerdeçal

- ½ çay kaşığı kimyon
- 2 yemek kaşığı kolza yağı
- 4 kepekli yazıldığından rulo
- 80 gr vegan krem peynir
- 1 avuç doğranmış karışık ot
- 4 yaprak frize salatası
- 1 avuç kuzu marul
- 1 domates

Hazırlık adımları

1. Mercimekleri yaklaşık 15 dakika kadar yumuşak pişirin, ardından süzün. Bu arada sarımsakları soyun ve ince doğrayın. Biberleri yıkayıp temizleyin ve mümkün olduğunca küçük doğrayın. Mercimekleri ikiye bölün ve sarımsak, kırmızı biber, soya unu, 3 yemek kaşığı su ve yulaf gevreği ile karıştırın. Kalan mercimekleri ekleyin ve karışımı tuz, karabiber, zerdeçal ve kimyon ile iyice baharatlayın.

2. Karışımdan köfteler oluşturun. Yağı bir tavada ısıtın ve köfteleri her iki tarafta yaklaşık 4 dakika kızartın.

3. Ruloları yarıya bölün. Vegan krem peyniri doğranmış karışık otlar ile karıştırın ve ruloların üstlerini fırçalayın. Salatayı yıkayın ve sallayarak kurutun. Domatesi yıkayıp dilimleyin.

4. Marul yapraklarını rulonun alt yarısına, üstüne köfte, domates dilimleri ve kuzu marulu yerleştirin. Ekmek rulosunun kapağını kapatıp servis yapın.

61. Soya burgeri

içindekiler

- 200 gr kuru soya fasulyesi
- soğan
- 10 gr zencefil
- 1 kırmızı acı biber
- 1 yemek kaşığı kişniş yeşillikleri (taze doğranmış)
- 60 gr tam tahıllı ekmek kırıntıları

- 1 yumurta

- tuz

- biber

- 2 yemek kaşığı soya yağı

- 2 yemek kaşığı mayonez

- 2 yemek kaşığı taneli hardal

- 6 yaprak lollo bionda

- 200 gr salatalık

- ½ kutu bahçe teresi

- 4 tam tahıllı simit

Hazırlık adımları

1. Soya fasulyesini akşamdan bol suda bekletin. Ertesi gün, ıslatma suyunu boşaltın ve tatlı suda yumuşayana kadar yaklaşık 1,5 saat pişirin.

2. Bu arada soğanı ve zencefili soyun ve her ikisini de ince doğrayın. Biberleri uzunlamasına ikiye bölün, çekirdeklerini çıkarın, yıkayın ve doğrayın.

3. Soya fasulyesini süzün, iyice süzün ve el blenderi ile doğrayın. Soya püresini soğan, zencefil, biber, kişniş ve ekmek kırıntıları ile karıştırın. Yumurtayı karıştırın ve tuz ve karabiberle tatlandırın. Her şeyi iyi yoğurun.

4. Karışımı 4 köfte şeklinde şekillendirin ve arka arkaya kızartın. Bunu yapmak için yağı bir tavada ısıtın. Köfteleri ekleyin ve orta ateşte altın rengi olana kadar her iki tarafta 4-5 dakika kızartın.

5. Mayonezi hardalla karıştırın. Marulu yıkayın, sallayarak kurutun ve daha küçük doğrayın. Salatalığı yıkayın ve ince dilimler halinde kesin. Tereyi yataktan kesin.

6. Simitleri kesin, alt kısımlarını marul yapraklarıyla kaplayın ve mayonez ile doldurun. Alt kısımları köfte, salatalık dilimleri ve tere ile kaplayın. Kapağı kapatın ve hemen servis yapın.

62. Fasulye, biber ve patates burgerleri

İçindekiler:

- 2 yemek kaşığı zeytinyağı
- 2 normal rulo
- 2 korniş
- 2 dilim çedar peyniri
- tuz
- biber

Burger:

- Bir turşu içinde 400 gr siyah fasulye

- 4 patates
- 1 soğan
- 1 yumurta
- 1 yeşil biber
- 1 yemek kaşığı domates salçası
- 0,5 çay kaşığı patates baharatı
- 0,5 çay kaşığı fasulye baharatı
- 0,5 çay kaşığı kuru kişniş

hazırlık:

1. Kornişonları ince dilimler halinde kesin. Sıradan çörekler, ortadan ikiye kesip orta ateşte bir tavada 2 yemek kaşığı kızgın yağda kızartın ve ocaktan alın.

2. Burgerleri hazırlayın: Patatesleri akan suyun altında iyice ovalayın, bir tencereye koyun, yapışmamaları için su dökün ve ceketleri yumuşayana kadar pişirin. Piştikten sonra süzün, kabuklarını soyun ve bir kaba alın.

3. Biberlerin çekirdeklerini çıkarıp ince ince doğrayın ve bir kapta patateslere ekleyin.

Fasulyeleri salamuradan boşaltın ve bir havaneli ile ezin.

4. Soğanı kabuğundan soyun, küp küp doğrayın ve bir kasedeki malzemelere ekleyin, ardından salçayı ekleyin ve yumurtayı çırpın. Bir tutam tuz, karabiber, fasulye baharatı, patates baharatı, kuru kişniş ile tatlandırın ve karıştırın.

5. Karıştırılan malzemelerden pirzolalar oluşturun ve tavada kalan kızgın yağda altın sarısı olana kadar kızartın. Köftelerin diğer tarafını kızartırken üzerlerine kaşar peyniri dilimleri koyun ve peynirler eriyene kadar kızartın.

63. Peynirli ve patatesli burgerler

İçindekiler:

- 200 gr süzme peynir
- 4 dilim ekmek
- 4 mantar
- 2 yumurta
- 2 havuç
- 2 diş sarımsak
- 2 yemek kaşığı kalın ekşi krema
- 1 kilo patates

- Marine edilmiş 1 yemek kaşığı kırmızı zeytin
- 1 kırmızı biber
- 0,5 su bardağı rendelenmiş peynir
- yeşil maydanoz
- kızartma yağı
- tuz hazırlama:

1. Ekmeği yağlayın ve sıcak bir tavada orta ateşte kızartın. Kahverengiyi ısıdan çıkarın ve bir tabağa koyun. Sebzeleri ve mantarları yıkayıp suyunu süzün. Biber tohumları çıkarın ve küçük parçalar halinde kesin. Mantarları soyun ve ince dilimler halinde kesin. Yeşil maydanozu ince ince doğruyoruz.

2. Patatesleri ve havuçları suyla kaplayın ve kabuklarıyla birlikte yumuşayana kadar pişirin. Pişirildiğinde süzün ve soyun. Soyulmuş sebzeleri ve süzme peyniri bir kıyma makinesinden geçirin.

3. Geçen malzemelere rendelenmiş peynir, kıyılmış yeşil maydanoz (bir kısmını tabağa

serpin) ekleyin, yumurtaları ekleyin, karabiber ve tuzla tatlandırın ve iyice karıştırın.

4. Karıştırılan malzemelerden elle pirzola oluşturun ve tavada sıcak, derin bir yağda altın kahverengi olana kadar her iki tarafta kızartın. Kızartılanların yağını süzün ve ekmeğin üzerine koyun, ardından ekşi kremayı üzerine dökün.

5. Sarımsakları kabuğundan soyun, ince doğrayın ve bir tavada 2 yemek kaşığı kızgın yağda kızartın. Doğranmış mantarları ve salamuradan süzülmüş zeytinleri ekleyin.

6. Malzemeleri orta ateşte 1,5 dakika kızartın, ardından ocaktan alın ve tamamına ekleyin. Bitmiş yemeğin üzerine kıyılmış kırmızı biber ve yeşil maydanoz serpin ve ardından ateşten alıp bütüne ekleyin. Bitmiş yemeğin üzerine kıyılmış kırmızı biber ve yeşil maydanoz serpin ve ardından ateşten alıp bütüne ekleyin.

7. Bitmiş yemeği doğranmış kırmızı biber ve yeşil maydanozla serpin

64. Kırmızı lahanalı biftek burger

içindekiler
- 200 gr kırmızı lahana (1 adet)
- 2 kırmızı soğan 3 yemek kaşığı
- kırmızı şarap sirkesi
- 2 tatlı kaşığı bal
- 4 yemek kaşığı zeytinyağı
- tuz
- biber
- 600 gr böğürtlen veya but biftek (1 but veya but biftek)

kristal deniz tuzu
- 4. yuvarlak tam tahıllı çavdar ruloları

Hazırlık adımları

1. Kırmızı lahanayı temizleyip yıkayın ve lahanayı ince şeritler halinde kesin. Soğanları soyun, 1 şerit halinde kesin; 2. halkaları kesin ve bir kenara koyun.
2. Kırmızı lahanayı soğan dilimleri, sirke, bal ve zeytinyağı ile yoğurun, tuz ve karabiberle tatlandırın ve 30 dakika demlenmeye bırakın.
3. Bu arada bifteği kurulayın, deniz tuzu ile baharatlayın ve yüksek ateşte 5-7 dakika sıcak bir ızgara tavasında her iki taraftan kızartın. Bifteği tavadan çıkarın, 5 dakika dinlendirin ve baharatlayın.
4. Bu arada çavdar rulolarını yatay olarak ortadan ikiye kesin.
5. Eti şeritler halinde kesin. Ruloların üzerini süzülmüş kırmızı lahana salatası, biftek dilimleri ve soğan halkaları ile kaplayın ve rulo kapağını isteğe göre tahta çubuklarla sabitleyin.

65. Peynir ve pide burgerleri

İçindekiler:
- 20 gr sandviç süzme peynir
- 4 domates
- 2 pide
- 2 yaprak yeşil marul
- 2 yemek kaşığı yağ
- 1 kırmızı soğan
- 0,5 su bardağı ılık su
- tuz
- biber

Burgerler için:
- 200 gr kıyılmış domuz eti

- 2 diş sarımsak

1 yumurta
- 1 çay kaşığı ince kıyılmış nane
- 1 çay kaşığı kuru kekik
- 0,5 çay kaşığı yenibahar hazırlığı:

1. Sebzeleri yıkayıp suyunu süzün. Salatayı bir tabağa koyun. Domatesleri dilimleyin. Soğanı soyun ve ince dilimler halinde kesin. Pide ekmeğini ılık suyla ıslatın, yağsız sıcak bir tavaya koyun ve her iki yüzünü 40 saniye kızartın. Kızarmış marulu ekleyin.

2. Burgerleri hazırlayın: Kıymayı bir kaseye koyun, doğranmış nane, kuru kekik, öğütülmüş yenibahar ekleyin, bir tutam tuz ve karabiberle tatlandırın ve bir yumurta ekleyin. Her şeyi elle yoğurun, ardından pirzola haline getirin. Her şeyi bir tavada sıcak yağa koyun ve her iki tarafta altın kahverengi olana kadar kızartın. Kızartılanları ocaktan alıp malzemelere ekleyin. Daha sonra üzerine sandviç peynirini ve doğranmış sebzeleri ekleyin.

66. Avokado, peynir ve pancarlı burger

İçindekiler:
- 250 gr dana kıyma
- 2 hamburger ekmeği
- 2 büyük, kırmızı pancar
- 2 diş sarımsak
- 2 avokado
- 2 kornişon salatalık
- 2 domates
- 2 dilim peynir
- 1 baş marul
- 1 yumurta
- kızartma yağı

- tuz

    biber

hazırlık:

1. Tüm sebze ve meyveleri yıkayın ve sudan süzün. Kırmızı pancarların üzerine 3 su bardağı su dökün, kabuğuyla haşlayın, suyunu süzün, kabuklarını soyup iri gözenekli sebze rendesi üzerine rendeleyin. Çörekleri ortadan ikiye kesin. Domatesleri ince dilimler halinde kesin. Kabuğu soyun, avokadoyu kesin, çekirdeği çıkarın ve eti bir karıştırıcı ile karıştırın. Sarımsakları kabuğundan soyun, presten geçirin ve kıyma ile birleştirin. Daha sonra üzerine bir yumurta ekleyin, karabiber ve tuzla tatlandırın ve ardından elinizle iyice yoğurun. Hazırlanan kütleden yassı pirzolalar oluşturun ve bir tavada 4 yemek kaşığı kızgın yağda orta ateşte her iki tarafı altın sarısı olana kadar kızartın. Kızartmayı ısıdan çıkarın ve yağı boşaltın. Marul yapraklarının üzerine peynir dilimlerini, dilimlenmiş domatesleri ve kızarmış pirzolaları koyun. Üzerine karıştırılmış avokadoyu ekleyin ve marulla

sarın. Kırmızı pancar ve kornişon ile servis yapın.

67. Mantarlı burger

İçindekiler:
- 300 gr dana kıyma
- 20 gr mantar
- 4 dilim parmesan peyniri
- 4 yemek kaşığı sıvı yağ
- 2 soğan
- 2 hamburger ekmeği
- 1 domates
- 1 yumurta
- 1 çay kaşığı öğütülmüş kişniş

- 0,5 çay kaşığı öğütülmüş mercanköşk
- 0,5 çay kaşığı öğütülmüş kekik

tuz biber

hazırlık:

1. Domates ve mantarları yıkayıp sudan süzün. Domatesi ince dilimler halinde kesin ve mantarları zarından çıkarın ve parçalara ayırın. Soğanı deriden soyun. Bir soğanı küp küp doğrayın ve bir kaseye diğerini ince dilimler halinde koyun. Börekleri ortadan ikiye kesip bir tabağa alın. Kıymayı doğranmış soğanla birleştirin, üzerine yumurtayı ekleyin, öğütülmüş kişniş, mercanköşk ve kekik ekleyin. Elle yoğurup küp şeklinde şekil verin, ardından bir tavaya 2 yemek kaşığı kızgın yağa koyun ve her iki tarafı da altın rengi olana kadar kızartın. Köftelerin diğer tarafını kızartırken (kızardığında) parmesan dilimlerini ekleyin, ardından her şeyi bir kapakla kapatın ve peynir eriyene kadar orta ateşte kızartın. Daha sonra ateşten alıp dilimlenmiş ruloları dizip üzerine doğranmış domatesi koyun. 2 yemek kaşığı yağı bir tavada kızdırın, doğranmış soğanı ekleyin, kızartın, ardından doğranmış mantarları ekleyin, bir tutam tuz ve karabiber serpin ve orta ateşte 2 dakika kızartın. Kızartılanları ateşten alıp tamamına ekleyin.

68. Pide ve sebzeli hamburgerler

İçindekiler:

- 2 domates
- 2 marul yaprağı
- 2 yemek kaşığı yağ
- 1 pide
- 1 kırmızı pancar
- tuz
- biber

Burgerler:

- 400 gr dana kıyma

1 kırmızı soğan

1 yemek kaşığı sıvı yağ

- 1 yemek kaşığı ekmek kırıntısı

- 1 yumurta
- 1 diş sarımsak
- 0,5 çay kaşığı öğütülmüş kişniş hazırlığı:

1. Sebzeleri yıkayıp suyunu süzün. Domatesleri ince dilimler halinde kesin. Kırmızı pancarı bir tencereye koyun, dışarı çıkmaması için üzerine su dökün, kabuğunu yumuşayana kadar pişirin ve süzün. Daha sonra kabuğunu soyup ince dilimler halinde kesin. Pideyi yağsız kızgın tavaya alıp her iki tarafını 1 dakika kızartın. Daha sonra ocaktan alıp ikiye bölün ve bir tabağa alın. Üzerine marul yapraklarını ve doğranmış domatesleri koyun.
2. Burgerleri hazırlayın: Kıymayı bir kaseye koyun ve üzerine galeta unu ekleyin. Sarımsakları ve soğanı kabuğundan soyun, ince doğrayın ve bir tavada kızgın yağda kızartın. Sırlı malzemeleri ekmek kırıntılarıyla birlikte ete ekleyin. Sonra hepsini bir tutam tuz, karabiber, kişniş ile tatlandırın, üzerine bir yumurta ekleyin ve yoğurun.

elle. Hazırlanan malzemelerden köfteler yapın ve kızgın yağda iki tarafı altın sarısı olana kadar kızartın. Daha sonra ocaktan alıp tencereye ilave edin.

3. Bitmiş hamburgerlerin üzerine kırmızı pancar dilimlerini koyun ve üzerine biber serpin.

69. Hint burgeri

bileşen
- kıyma - 500 gr dana eti
- sarımsak - 2 çay kaşığı. zemin
- zencefil - 2 çay kaşığı. zemin
- kişniş - 1 küçük bağlantı
- acı biber - 2 adet. Yeşil

ekmek - kişniş suyuna batırılmış 2 dilim - 1 çay kaşığı. toz • kimyon - ½ çay kaşığı garam masala - 1 çay kaşığı.
- limon suyu - 1 çay kaşığı.
- somunlar - 4 adet. hamburger için

- kızartmalık yağ
- yağ - yaymak için
- domates - 2 adet. kesmek
- soğan - 1 baş hazırlık

1. Derin bir kapta kıyma, zencefil, sarımsak, doğranmış kişniş, acı biber, süzülmüş ekmek, tuz ve limon suyu ve tüm baharatları karıştırın.
2. İyice karıştırın ve hamburger oluşturun. Yağı bir ızgara tavasında (belki normal bir tavada) ısıtın ve hamburgerleri pişene kadar kızartın.
3. Kızartırken hamburger keklerini ortadan ikiye kesin, ızgara yapın ve tereyağ ile yağlayın.
4. Her bir somuna birer burger koyun, üstüne soğan ve domates dilimlerini yerleştirin. Gerekirse tuzla tatlandırın ve hemen servis yapın.

70. Domatesli ve zeytinli burger

Bileşen

- somunlar - 4 adet. kepekli veya beyaz
- domates - 2 adet. olgun
- zeytin - 100 gr karışım
- sosis - 100 gr sosis veya diğerleri. mil
- peynir - 200 gr gouda, kaşar veya sarı peynir

  zeytin yağı

hazırlık

1. Zeytinlerin çekirdeklerini çıkarıp halkalar halinde kesin. Gerekirse biraz tuz serpin ve zeytinyağı ile karıştırın.

2. Somunları ortadan ikiye kesin ve tabanına biraz zeytinyağı sürün. Her dilimin üzerine peynir koyun, üzerine ince sucuk dilimleri koyun ve üzerine zeytin serpin.

3. Peynir eriyene kadar somunları güçlü bir fırında pişirin.

4. Bu arada domatesleri küçük küçük doğrayın.

5. Hamburgerleri fırından çıkarın, domatesleri her birine yayın ve ekmeğin üstünü örtün.

6. Domatesli ve zeytinli bu burgerle iyi eğlenceler.

MÜKEMMEL BİR ATIŞTIRMA TARİFİ

71. Fonksiyonel Hamburger

İçindekiler

- 400 gr yağsız dana kıyma (ben patino kullandım)
- 1 yumurta beyazı
- 1 sütun. (çorba) chia tohumu
- 1 sütun. (tatlı) keten tohumu unu (veya kinoa gevreği)
- 1/2 orta boy soğan küpler halinde
- 1/4 bardak. (çay) kıyılmış maydanoz
- Tat vermek için tuz ve karabiber

Garnitürler

- 4 hamburger ekmeği, tercihen kepekli
- 4 sütun. (tatlı) krem peynir light
- 4 dilim domates
- Lahana Yaprakları

Nasıl hazırlanır

1. Derin bir kapta et, yumurta akı, chia, keten tohumu unu, soğan ve maydanozu karıştırın. Tuz ve karabiberle tatlandırın. Dört eşit parçaya bölün ve hamburger şekli verin. Yapışmaz bir tavada, yağsız tekniği kullanarak hamburgerin her iki tarafını da kızartın. Sandviçi hazırlamak için: Krem peyniri ekmek parçalarından birinin üzerine yayın ve marul, domates ve hamburgeri ekleyin. Sandviçi kapatın ve hemen servis yapın. Ah! Mikrodalga düşük karbonhidratlı ekmeği orada da yapabilirsiniz.

72. Yulaf ezmesi ile tavuk burgerini yerleştirin

İçindekiler

- 350 gram tavuk göğsü (öğütülmüş)
- 1/2 doğranmış soğan
- 2 diş sarımsak
- tatmak için frenk soğanı
- 2 yemek kaşığı yulaf ezmesi
- tatmak için tatlı kırmızı biber
- Karabiber ve tatmak için tuz
- Zeytinyağı (elleri yağlamak ve kızartmak için) hazırlanışı

1. Bir blender veya mutfak robotunda tavuğu (önceden çekilmiş), soğanı, sarımsağı, frenk soğanı ekleyin ve bir hamur oluşana kadar çırpın.

2. Büyük bir kaba aktarın, yulaf ezmesi, tatlı kırmızı biber, karabiber, tuz ekleyin ve iyice karıştırın.
3. Elinizi yağlayın ve hamburgerlere istediğiniz büyüklükte şekil vermeye başlayın.
4. Onları 20 dakika dondurucuya götürün.
5. Bir tavaya biraz sıvı yağ koyup hamburgerlerin her iki tarafını da kızartın.
6. Şimdi sadece hizmet et. Afiyet olsun.

73. Salatalıklı domuz burgeri

İçindekiler

4 hamburger için:

- 300 gr domuz filetosu
- 1/2 küçük soğan
- 3 diş sarımsak
- Tat vermek için tuz ve karabiber
- 4 susamlı hamburger ekmeği
- 8 ince dilim domates
- 4 doğranmış gevrek veya doğranmış marul yaprağı
- Parmesan peynirli cips

- salatalık tadı ile gitmek için:

- 12 küçük asterix patates

- 2 litre su
- tuz
- Tuz çiçeği (isteğe bağlı)
- Kızartma yağı
- 4 adet soğutulmuş şişe Bamberg Pilsen

Domuz eti burger hazırlama yöntemi

1. Bir mutfak robotuna soğan ve sarımsağı koyun ve ezin. Daha sonra eti ekleyip çok küçük olana kadar çırpın ve soğan ve sarımsakla iyice karıştırın. (Dilerseniz önceden öğütülmüş eti satın alabilir ve sadece soğan ve sarımsağı karıştırabilirsiniz).
2. Etle 4 top yapın ve her birini yassılaştırarak hamburgerleri oluşturun. Tat vermek için tuz ve karabiber ile tatlandırın. Eti kızartmadan önce 20 dakika buzlukta bekletin.
3. Tavayı ısıtın ve hamburgerleri istediğiniz noktaya kadar kızartın.
4. Çörekleri ortadan ikiye kesin ve 210 derecelik fırında yaklaşık 5 dakika kızartın.

Patates:

1. Suyu kaynatın ve patatesleri uzunlamasına 8'e bölün. Su kaynamaya başlayınca patatesleri ve tuzu ilave edin.

15 dakika pişirin. Süzün ve bir kenara koyun.
2. Yağı orta sıcaklığa ısıtın. Patatesleri altın rengi olana kadar yavaşça kızartın. Yağdan çıkarın ve emici kağıt üzerine yerleştirin.
3. Fleur de sel ve biber karışımı ile tatlandırın.

74. Kinoalı Dana Burger

İçindekiler

- $\frac{1}{2}$ kg yağsız dana eti (ördek)
- 3 diş sarımsak

- 1 soğan
- Tatmak için biber ve tuz
- 3 yemek kaşığı kinoa gevreği

hazırlama yöntemi

1. Malzemeleri çok pürüzsüz olana kadar karıştırın.

2. Ellerinizi biraz sıvı yağ ile yağlayıp hamburgerlere elinizle veya dilerseniz alüminyum bıçakla şekil verin.

3. Hamburgeri tatlandırmak, daha lezzetli ve besleyici hale getirmek için havuç, kabak, pancar, maydanoz ekleyebilirsiniz. Çocuklar çok sevecek.

4. Quinoa ayrıca yulaf, amaranth veya keten tohumu ile ikame edilebilir.

5. Sığır eti, tavuk, balık filetosu veya dokulu soya proteini (soya fasulyesi eti) ile ikame edilebilir.

6. Dondurmak için hamburger kısımlarını plastik film veya alüminyuma sarmanız yeterlidir. 6 aya kadar dondurulabilirler.

7. Umarım ipucunu beğenirsiniz.

75. yengeç burgeri

İçindekiler

- 500 gr yengeç eti (o zamanlar elimdeki bu olduğu için dondurulmuş yahni turşusu kullandım)

- 1/4 kırmızı soğan

- 2 diş sarımsak

- 1/4 kırmızı biber posası (biberi ocakta közleyin, kabuğunu ve çekirdeklerini çıkarın)

- Tatmak için baharatlı kırmızı biber

- tatmak için doğranmış kişniş

- 1 yumurta
- Açmak için ekmek kırıntıları (en fazla 1 bardak)
- zevkinize biber
- tatmak için tuz
- Gizli sos için yarım limon suyu
- 3 yumurta sarısı
- 100 ml yağ
- 2 diş sarımsak
- 3 doğranmış salatalık turşusu
- 2 yemek kaşığı doğranmış kapari
- maydanoz
- 1 yemek kaşığı dijon hardalı
- Tatmak için biber ve tuz
- Trimler
- mozzarella peyniri
- yumurta veya susamlı ekmek

- Marul

- Domates

- özel sos   **Hazırlık***için*

   hamburger

1. Yengeç etini çözdürün, suyunu süzün evet çok su verir. Tuz ve karabiberle tatlandırın. Soğanı ve doğranmış sarımsağı, biber salçasını, yumurtayı, limonu, kişnişi ekleyin. Üniforma kadar her şeyi karıştırın. Unu kıvamına gelene kadar yavaş yavaş ekleyin. Dikkat, nemli kalmalıdır çünkü etli hamburgerin yapışmasını sağlayan şey bu işlemde bulunmayan et yağıdır. Bu nedenle, elle veya metal bir halka ile kalıplamanız gerekecektir. Bir tavaya biraz sıvı yağ ekleyip hamburgerleri kızartın. Üzerine peynir dilimlerini koyun ve eritmek için fırına koyun.

2. Özel sos için, yumurta sarılarını tel çırpıcı ile açık sarı olana kadar çırpın ve sıvı yağı mayonezde olduğu gibi krema kıvamına gelene kadar ekleyin. Bir mikseriniz varsa, şimdi kullanma zamanı. Ardından baharatları, sarımsağı, tuzu, maydanozu ve hardalı ekleyin.

Son olarak salatalık turşularını ve ince kıyılmış kaparileri ekleyin. Her şeyi karıştırın ve kapalı bir kapta buzdolabında soğumaya bırakın.

3. Kızartmak için ikiye bölünmüş ekmeği fırına koyun. İki dilimin üzerine sosu gezdirin ve eritilmiş peynir, bir marul yaprağı ve iki dilim domatesle birlikte hamburgeri yerleştirin. Eşlik etmek için kalamar doré halkaları yapabilirsiniz.

76. Doritoslu Hamburger

İçindekiler

- 1 topuz hamburger için

- 120 gr dana kıyma
- 1 çay kaşığı biber sosu
- Tat vermek için tuz ve karabiber
- 1/2 acı biber kıyılmış çekirdeksiz
- Landana biberli 30 gr gouda peyniri
- Amerikan marul tadı
- tatmak için domates

1 yemek kaşığı mayonez

1 yemek kaşığı sıvı yağ

- 1/2 yemek kaşığı tereyağı
- 30 gr doritos

Hazırlık

1. Hamburger ekmeğini ortadan ikiye kesin ve içi kızarana kadar sıcak yapışmaz tavada kızartın. Rezerv.

2. Eti tuz, karabiber, pul biber ve biber sosuyla çeşnilendirin (çok düşünürseniz tek çeşit biber kullanın). Et tavada biraz küçülürken hamburgeri topuzunuzdan daha büyük olacak şekilde şekillendirin.

3. Ekmeğinizin üzerine mayonez sürün ve marul ve domatesle birlikte bırakın.

4. hamburger nefis

5. Yapışmaz yüzeyli tavaya sıvı yağı ve tereyağını koyun, sıcakken hamburgeri yerleştirin ve bir buçuk dakika bir kenarda kızartın, ters çevirin, peyniri ekleyin, birkaç damla su

serpin. peynir eriyene kadar buhar yapmak ve kızartma tavasını 1 dakika boyunca örtün. Kızartma tavasından çıkarın ve doritos ile tamamlayarak hemen sandviçin içine yerleştirin. Hemen servis yapın.

77. Vejetaryen burgerler

içindekiler

- 1 paket vegan burger (2 adet)
- 1 havuç (kaba rendelenmiş)

1 soğan (küçük)

1/4 salatalık

- Kokteyl domatesleri

- 1 dolmalık biber (yeşil)

- Kokteyl sosu hazırlama

1. Havucu kaba rendeleyin. Salatalığı dilimler halinde kesin. Kokteyl domatesleri ikiye bölün. Soğanı halkalar halinde kesin. Dolmalık biberi şeritler halinde kesin.

2. Vegan burgerleri sıcak olarak kızartın.

3. Bu arada çörek yarısını kızartın. Sıcak ekmeğin alt yarısına önce salatalık dilimlerini, ardından rendelenmiş havuç ve soğanı koyun.

4. Sıcak hamburgerleri üzerine domates ve biberleri yerleştirin.

5. Seçtiğiniz bir kokteyl sosuyla doldurun, burger çöreklerini kapatın ve burgerlere servis yapın.

78. soğan halkalı barbekü burgeri

Bileşen

- 400 gr dana kıyma
- 140 gr (1 su bardağı) çok amaçlı un
- 240 ml (1 su bardağı) maden suyu
- ½ çay kaşığı acı pul biber
- 1 soğan
- 2 büyük kalın dilim kaşar peyniri
- 6 yemek kaşığı soslu barbekü
- Hamburger için 2 Avustralya çöreği

kızartma

hazırlamak için tuz yağı

1. Soğanı yaklaşık bir parmak kalınlığında kalın halkalar halinde kesin. Bir kaseye maden suyu koyun ve yavaş yavaş buğday ununu dökün, homojen bir karışım elde edene kadar bir çeşme ile iyice karıştırın. Kırmızı biberi de karıştırın ve dilerseniz biraz tuz ekleyin. Bir tavada bol sıvı yağı kızdırın. Soğan halkalarını bir çatal yardımıyla hamurun içinden geçirin. Halkalardan fazla hamuru boşaltın ve yağda kızartın. Emici kağıt üzerinde bir kenara koyun.

2. Kıymayı kullanarak bir kalıp yardımıyla hamburgerleri hazırlayın. Kalıbınız yoksa etin parçasını 2'ye bölün, 2 top yapın ve bir tabak yardımıyla yaklaşık 1 buçuk parmak yüksekliğinde olana kadar tek tek ezin. Sıcak bir tabağa yağ sürün ve hamburgeri yerleştirin. Yaklaşık üç dakika bırakın ve ters çevirin. Tuzlu sezon. Yaklaşık 2 ila 3 dakika daha bırakın ve tekrar çevirin. Diğer tarafını da tuzla tatlandırın. Peynir dilimlerini yerleştirin ve üzerini kapatın. Yaklaşık bir

dakika erimesine izin verin. Hamburgeri çıkarın ve ikiye bölünmüş ekmeği ızgaraya hızlıca geçirin.

3. Yapılışı: Barbekü sosunu ekmeğin üzerine yayın, eritilmiş kaşar peyniri ve iki-üç adet soğan halkası ile hamburgeri üst üste gelecek şekilde yerleştirin. Ekmeğin diğer yarısını üzerine kapatıp servis yapın.

79. Ev Yapımı Tavuk Burger Tarifi

İçindekiler

- 10 mini kepekli hamburger ekmeği
- mimoza marul yaprakları
- mozzarella peyniri dilimleri veya tabağı
- Büyük parçalar halinde 1 küçük havuç
- 1/2 kemiksiz tavuk göğsü büyük parçalar halinde kesilmiş
- 1 küçük soğan parçalar halinde
- 1 diş sarımsak
- 1 çay kaşığı mercanköşk veya kuru kekik
- tatmak için tuz
- 1/2 su bardağı tam buğday veya beyaz un hazırlığı

1. Bir mutfak robotunda havuç, soğan ve sarımsağı ezin. Rezerv. Henüz mutfak

robotundayken tavuğu kitle haline gelene kadar ezin.
2. Büyük bir kaba tavuk, havuç, soğan ve sarımsak karışımını, tuzu ve otları koyun. İyice karıştırın.
3. Unu azar azar, birer kaşık, sürekli karıştırarak ekleyin. Hamurla toplar oluşturana kadar un eklemeye devam edin. Çok fazla eklemeyin, böylece güçlü bir un tadı almazsınız.
4. 10 top yapın ve ardından ezerek hamburger haline getirin. 20 dakika buzlukta bekletin.
5. Az sıvı yağ ile yağlanmış bir tavayı kızdırın. Her iki tarafı da altın rengi olana kadar kızartın. Neredeyse bittiğinde, eritmek için peyniri üstüne koyun.
6. Marul ile rulolar halinde servis yapın.

80. Beetle fasulyeli vejetaryen burger

içindekiler

- 120 gr kuskus
- 1/2 soğan
- 1 diş sarımsak
- 150 gr bezelye (pişmiş)
- 100 gr havuç
- 1 yumurta
- 1 çay kaşığı maydanoz
- 1 çay kaşığı chives

- 1 damla limon suyu

- tuz

- Biber (taze çekilmiş)

- zeytin yağı

Bitirmek için:

- 1 etli domates

- 1 avuç roket

- 100 gr koyun peyniri (sert, örneğin beyaz peynir)

- mayonez

- 4 adet hamburger ekmeğinin hazırlanışı

1. Kuskusun üzerini eşit miktarda kaynar su ile kaplayın. Örtün ve 10 dakika demlenmesine izin verin. 5 dakika sonra bir çatalla kabartın.

2. Soğanı ve sarımsağı soyun ve ince doğrayın. 1 yemek kaşığı zeytinyağını bir tavada ısıtıp soğanları pembeleşinceye kadar kavurun. Sarımsağı ekleyip kısaca kavurun.

3. Fasulyeleri çatalla ezin, havuçları soyun ve ince rendeleyin. Maydanoz ve maydanozu ince ince kıyın.

4. Kuskus, kavrulmuş soğan, ezilmiş bezelye, havuç ve doğranmış otları yumurta ile karıştırın. Limon suyu, tuz ve karabiber serperek tatlandırın. Karışımı serin bir yerde en az 30 dakika dinlendirin.

5. Karışımı ıslak ellerle 4 köfte şeklinde şekillendirin ve her iki tarafına da yağ sürün. Sıcak ızgarada yaklaşık 10 dakika çıtır çıtır olana kadar ızgara yapın, 5 dakika sonra çevirin. Alternatif olarak, tavada ızgara yapabilirsiniz.

6. Domatesi yıkayıp dilimleyin. Marulu yıkayın ve kurutun. Gerekirse koyun peynirini kurulayın ve dilimler halinde kesin.

7. Ruloları çapraz olarak kesin ve ızgarada kısaca ısıtın. Köfteleri ruloların üzerine yerleştirin. Domates dilimleri, roka ve koyun peyniri ile kaplayın ve biraz mayonez ile tamamlayın. Ekmek rulosunun kapağını üstüne yerleştirin.

81. Ev Yapımı Hamburger

bileşen

- 600 gr dana kıyma
- 1 orta boy soğan
- 2 yemek kaşığı ince kıyılmış maydanoz
- 3 çay kaşığı Worcestershire sosu
- 2 yemek kaşığı ketçap
- 3 çay kaşığı dijon hardalı
- 1 1/2 çay kaşığı tuz
- 1 yemek kaşığı biber kahvesi

- Izgara/kavurma hazırlığını fırçalamak için 1 yemek kaşığı zeytinyağı

1. Maydanoz ve soğanı mümkün olduğu kadar küçük doğrayın. Küçücük olmalılar çünkü hamburgeri yerken onları çok hissedeceksiniz. Kıyma ile karıştırın, ketçap, Worcestershire sosu, hardal, tuz ve karabiber ekleyin ve tekrar karıştırın. Her şey iyice karıştığında, ısınma zamanı!

tabakta yapıyor

2. Bir tabağı yüksek/orta ateşte ısıtın. Baharatlı etle toplar yapın veya hamburger şekli verin. Tabağı zeytinyağı ile fırçalayın ve hamburgerleri ekleyin. Topları siz yaptıysanız spatula ile hamburger şeklinde olacak şekilde düzleştirin.

3. 3- Kızardığında yan çevirin, tekrar kızarmasını bekleyin ve hazır! fırında yapmak

1. Fırını en yüksek sıcaklığa önceden ısıtın.

2. Tavayı yağlayın, eti hamburger şekline getirin (veya toplar yapın ve bir spatula ile düzleştirin) ve tavaya yerleştirin.

3. Önceden ısıtılmış fırına koyun ve altının kızarmasını sağlayın (bizimki yaklaşık 5 dakika sürdü). Diğer tarafı kızaracak şekilde çevirin ve işiniz bitti!

82. Kabak Burgerleri

bileşen

- ½ tereyağı balkabağı, yarım ay şeklinde kesilmiş
- ¼ su bardağı çiğ kinoa
- 1 doğranmış soğan
- 3 veya 4 diş sarımsak
- 1 su bardağı kıyılmış ceviz
- 1 tutam acı biber
- tuz ve taze çekilmiş karabiber, qb

- 1 su bardağı ekmek kırıntısı (isteğe bağlı)

hazırlık

1. Isınmak için fırını 180°C'ye ayarlayın. Balkabağını alçak, geniş bir fırın tepsisine koyun, tuz, karabiber ve bir çiseleyen yağ ile tatlandırın. Sarımsakları bir parça parşömen kağıdına sarın ve balkabağının yanına koyun. Her ikisi de pişene/yumuşayana kadar pişirin. Daha sonra balkabağı ve sarımsağı soyun ve çatal yardımıyla hepsini ezin.

2. Ayrı bir yerde soğanı ve bir tutam sıvı yağı soteleyin. Yarı saydam olana kadar pişirin (yanmadan). Rezerv.

3. Bu sırada kinoayı paketin üzerindeki tarife göre pişirin. Tüm hazırlıkları (kinoa hariç) bir mutfak robotuna koyun ve pürüzsüz olana kadar doğrayın. Birkaç parçayı bir arada bırakmayı seviyorum. Kinoayı sarın ve daha fazla alaşım oluşturmanın gerekli olduğunu düşünüyorsanız, ekmek kırıntılarını (veya galeta unu) da ekleyin.

4. İsterseniz bir tutam acı biber ekleyin ve kalan baharatları düzeltin. Bu macun soğuduktan

sonra 10 ila 12 hamburgeri kalıplayın, bir tabağa koyun ve pişirmeden önce şekillerini korumaya yardımcı olmak için soğutun.

5. Yapışmaz bir tavada pişirebilirsiniz (elerken çok dikkatli olun) veya benim yaptığım gibi 180°C fırında (böylesi daha kolay buldum) pişirebilirsiniz. Bu harika rulolarla servis yapın. Doldurmanın geri kalanı sizin seçiminiz, ancak biraz marul veya roka yaprağı her zaman iyidir.

83. fasulye burger

İçindekiler:

- 3 bardak. haşlanmış ve süzülmüş fasulye (ben siyah fasulye kullandım)

- 1 fincan. doğranmış soğan

- 1/2 bardak. pirinç unu

- Bitkisel yağ Siyah

- zevkinize biber

- tatmak için tuz

Hazırlık

1. Fasulyeleri bir kaseye alın ve çatal yardımıyla ezin. Fasulyelerin hepsini ezmenize gerek yok, hamburgere doku eklemek için biraz bütün bırakabilirsiniz;

2. Bir tavada biraz bitkisel yağ ısıtın, yaklaşık 2 yemek kaşığı kullandım. Soğanı ekleyin ve altın rengi olana kadar pişirin;

3. 3- Fasulye püresini ekleyin ve soğanla karıştırın. Tat vermek için tuz ve karabiber ile tatlandırın. Karışım çok yumuşaksa, bol su ile bir süre daha pişmesine izin verin. Karışım koyulaşmaya başlayana kadar durmadan karıştırın;

4. Isıyı kapatın ve ısınmasını bekleyin. Soğuduktan sonra karışımın daha yoğun hale geleceğini unutmayın. Hala yumuşak ve yapışkansa endişelenmeyin;

5. Pirinç ununu ekleyin ve karıştırın;

6. Ellerinizi biraz sıvı yağ ile yağlayın ve hamburgerleri istediğiniz büyüklükte kalıplayın;

7. Bir parça bitkisel yağı ısıtın ve hamburgerin her iki tarafını altın rengi ve gevrek olana kadar kızartın. Sadece hemen tüketeceğiniz kadar kızartın. Atıştırmalığınızı tercih ettiğiniz şekilde ayarlayın.

84. Kenevir unlu hamburger ekmeği

içindekiler

- 1 paket kuru maya
- 200 ml süt
- 1 tutam şeker
- 170 gr buğday unu (pürüzsüz)
- 40 gr kenevir unu
- biraz hindistan cevizi
- 1 çay kaşığı köri tozu

- 1/2 çay kaşığı tuz

- 1 yumurta

- 3 yemek kaşığı zeytinyağı hazırlanışı

1. Kuru ruşeymi süt, şeker ve bir miktar buğday unu ile karıştırın ve nemli bir bezle örtülü ılık bir yerde yaklaşık 15 dakika mayalanmaya bırakın.

2. Daha sonra kalan un, kenevir unu, hindistan cevizi, köri tozu, tuz, sıvı yağ ve yumurta sarısı (yumurtanın beyazını fırçalamak için kenara koyun) ile pürüzsüz bir hamur elde edene kadar yoğurun. Min. 30 dakika yükselmeye bırakın.

3. Hamuru bir kez daha yoğurun, rulo haline getirin ve 6 eşit parçaya bölün. Hamur pürüzsüz bir yüzey elde edene kadar her bir parçayı avuç içleriniz arasında gevşekçe çevirin.

4. Yağlı kağıt serili fırın tepsisine (birbirine çok yakın olmayacak şekilde) yerleştirin ve tekrar yakl. 15 dakika. Üzerine yumurta beyazı sürün ve önceden ısıtılmış 220°C fırında yaklaşık 15 dakika pişirin.

85. Ton balıklı burger

içindekiler

- 600 gr ton balığı (taze, sashimi kalitesinde)
- 1 demet maydanoz
- 1 demet fesleğen
- 1 demet nane
- 4 sap(lar) taze soğan
- 1 tutam kişniş (öğütülmüş)
- 1 limon (suyu ve limon kabuğu rendesi)
- 1 biber (ince doğranmış)

- 2 yemek kaşığı zeytinyağı

- tuz

- Biber (taze çekilmiş)

- Lahana Yaprakları

- 4 ciabatta rulosu (veya burger rulosu)

- 1 adet limon (dilimlenmiş)

- Ketçap**hazırlık**

1. Ton balıklı burger için ton balığı, otlar, taze soğan, kişniş ve limon kabuğu rendesini bir kapta acı biberle karıştırın. Alternatif olarak, daha ev yapımı bir versiyon istiyorsanız, tüm malzemeleri ince ince doğrayın ve iyice karıştırın.

2. Karışımı temiz bir çalışma yüzeyine koyun ve 4 parçaya bölün. Ton balığını doğrayın ve hamburger köftelerine bölün (İPUCU: balık ıslak elle çok fazla yapışmaz), önce yuvarlak şekil verin ve ardından elinizle bastırın.

3. Bitmiş ton balığı köftelerini streç film veya benzeri bir şeyle yarım saat dinlendirin. Tavayı veya en iyisi ızgarayı önceden ısıtın.

Köftelerin her iki tarafını da yağlayın ve tuz ve karabiber serpin.

4. Her bir somunu yakl. Her iki tarafta veya herhangi bir pişirme seviyesinde 2 dakika.

5. Hamburger çöreklerini bir ızgara tabağında / veya kaburgalı tavada hafifçe kızartın ve ardından her bir burgeri ton balığı köftesi ile doldurun. Ketçap, marine edilmiş marul yaprakları ve isterseniz bir dilim domates ile süsleyin.

86. Pastırma burgeri

içindekiler

- 500 gr kıyma (karışık)
- 6 adet rulo ekmek (satın alınmış veya ev yapımı)
- 120 gram pastırma
- 1 adet soğan
- 1 domates
- 6 dilim Gouda
- 6 marul yaprağı
- Ketçap

- tuz

- mayonez

- biber**hazırlık**

1. Pastırma burger için eti tuz ve karabiberle tatlandırın, ince dilimler oluşturun ve az yağda kızartın.

2. Pastırmayı çıtır çıtır olana kadar kızartın. Çörekleri parçalara ayırın. Önce ketçap ile fırçalayın, ardından eti üstüne koyun ve ardından domates, soğan, marul ve domuz pastırması ile doldurun.

3. Mayonez ile süsleyin.

87. Shimeji burgeri

Bileşen

- Shimeji – 400g (2 tepsi)
- Ekmek kırıntıları - 1/2 su bardağı (40g)
- Frenk soğanı – 1/2 su bardağı (35g)
- Tam buğday unu – 1/4 su bardağı (35g)
- Bitkisel yağ – 1 yemek kaşığı (15 ml)
- Shoyu – 1 yemek kaşığı (15 ml)
- Sarımsak – 4 diş (20 g)
- Tuz – 1 çay kaşığı (5 gr) Siyah

- tatmak için biber (isteğe bağlı) hazırlama

1. Büyük bir tencerede yağı ısıtın ve soyulmuş ve doğranmış sarımsakları ekleyin. Hafifçe kızarana kadar soteleyin.

2. Shimejiyi elinizle demetinden ayırın ve çok fazla su çekmemesi için akan suyun altında hızlıca yıkayın. Fazla sıvıyı çıkarmak için temiz bir çay havluyla kurulayın.

3. Mantarları tavaya aktarın ve tuz, soya sosu ve karabiber (isteğe bağlı) ekleyin. İyice karıştırın ve pişirin.Hamburgerin mükemmel doku ve kıvama sahip olması için shimejiyi suyunun çoğu buharlaşana kadar pişirmeniz gerekir.

4. Güveci bir elek üzerine aktarın ve ısınana kadar fazla suyu tahliye edin.

5. Bir mutfak robotunda shimeji, frenk soğanı, ekmek kırıntıları ve çok amaçlı unu ekleyin. Her şeyi pürüzsüz olana kadar öğütün.Malzemeleri çok uzun süre karıştırmayın, karışımı hamburgere doku kazandırmak için daha rustik ve kaba yapın.Hamur nemli olmalı ve kolayca dağılmadan şekil verebilmelidir.

6. Hamuru dört eşit parçaya bölün ve hamburgerleri şekillendirin.

7. Yapışmaz bir tavada biraz yağ ısıtın ve hamburgerin iki tarafını altın rengi olana kadar kızartın.

8. Atıştırmalıklarınızı dilediğiniz şekilde hazırlayıp sıcak olarak servis edin.

88. Muzlu Hindistan Cevizi Burger

İçindekiler

- 2 dilim tost ekmeği
- 1 soğan

- 1 diş sarımsak
- 2 yumurta (M)
- 1/4 çay kaşığı acı biber
- 1/4 çay kaşığı karanfil (öğütülmüş)
- 1/4 çay kaşığı kimyon (öğütülmüş)
- 500 gr kıyma (karışık)
- tuz
- biber
- 175 gr kiraz domates
- 2 muz (sert, hala biraz yeşil)
- 6 yemek kaşığı kurutulmuş hindistan cevizi
- 4 adet pide (doldurmak için)
- 4 tahta şiş (uzun)
- Yağ (fırçalama için) hazırlığı

1. Hindistan cevizli muzlu burger için önce kızarmış ekmeği kısa bir süre suda bekletin, sonra sıkıca çıkarın. Soğanı ve sarımsağı soyup

ince doğrayın ve yumurta, baharat ve kıyma ile birlikte bir kaseye koyun. Her şeyi kuvvetlice yoğurun, tuz ve karabiber serpin. Kıymayı 4 büyük, yassı köfte haline getirin, folyo ile kaplayın ve buzdolabına koyun. Tahta şişleri sulayın.

2. Izgarayı ısıtın. Kiraz domatesleri yıkayın, muzları soyun ve 3 cm kalınlığında dilimler halinde kesin. Tahta şişleri kurutun ve yağlayın ve alternatif domates ve muz dilimleri. Kurutulmuş hindistan cevizini bir tabağa yayın.

3. Izgarayı kızdırın, iyice yağlayın. Kıyılmış köfteleri kuru hindistancevizi içinde çevirin, ızgaraya yerleştirin ve ara sıra yağla fırçalayarak her iki tarafta 4-5 dakika orta ateşte ızgara yapın. Muz ve domates şişlerini ızgaranın kenarında ızgara yapın, üzerine sıvı yağ gezdirip tuz ve karabiber serpin. Ayrıca pideleri ızgarada kısaca kızartın.

4. Pide rulolarını hindistancevizi köftesi ile doldurun, domates ve muz şişleri ile bir tabağa koyun ve hindistan cevizi burgerini muzla servis edin.

89. Falafel'de Hamburger

İçindekiler

Lahana salatası:

- 1/2 su bardağı beyaz lahana
- 1/2 bardak. kırmızı lahana
- 1/4 bardak. havuç
- 1 yemek kaşığı. (çorba) mayonez
- 1 limonun suyu
- 2 yemek kaşığı. (çorba) şeker
- 1 yemek kaşığı. (çorba) sriracha biber sosu

- tatmak için tuz

Burger:

- 150 gr nohut (pişmiş)
- ½ soğan (rendelenmiş)
- 1 diş sarımsak (doğranmış)
- 2 çay kaşığı. (çorba) zeytinyağı
- 1 limonun suyu
- 1 1/2 yemek kaşığı. (çorba) buğday unu
- 1 yemek kaşığı. (çay) kişniş
- 1 çay kaşığı. (çorba) kimyon
- 1 yemek kaşığı. (kahve) yenibahar suriye
- tatmak için tuz

Eşlik:

- Lor
- brioche ekmek yapımı

1. Nohutları biraz yağ ve limon suyu ile macun kıvamına gelene kadar öğütün. Bir kaba

aktarın ve diğer tüm malzemeleri karıştırın. Toplar yapın, biraz yağ sürün, biraz un ekleyin (yapışmaması için) ve az yağ ile yüksek ateşte altın rengi olana kadar kızartın.

2. Ekmeğin her iki tarafını da yağlayın ve daha sıcak ve lezzetli hale getirmek için ızgaraya yerleştirin. Daha sonra ekmeğin her iki tarafına da yeterince lor koyun, hamburger ve lahana salatası tamamlayın.

90. Glutensiz Pirinç ve Havuç Burger

İçindekiler

- 2 su bardağı pişmiş pirinç veya arta kalan risotto

- 1 su bardağı ince rendelenmiş havuç (işlenebilir)

- 1 küçük soğan (Mor kullandım çünkü bende de bu vardı)

- 1/4 su bardağı kıyılmış maydanoz

- 2 yemek kaşığı Besin Mayası (isteğe bağlı)

- 1 yemek kaşığı soya sosu (isteğe bağlı)

- 1 yemek kaşığı kurutulmuş maydanoz veya kekik

- 1/4 su bardağı nohut veya diğer glutensiz un

- fırın tepsisini yağlamak için bitkisel yağ

- zevkinize göre tuz ve karabiber

Hazırlık

1. Bir kapta malzemeleri karıştırın ve son olarak unu ekleyin. Her türlü glutensiz un kullanabilirsiniz. Ben evde olduğu için nohut kullandım. Dilerseniz tarifte belirtilen miktarda tam buğday veya beyaz un kullanabilirsiniz. Hamburgerleri şekillendirmek için ideal nokta, artık elinize yapışmadıkları zamandır. Gerekirse, daha kolay modelleyebilmek için biraz daha un ekleyin.

2. İstediğiniz büyüklükte toplar yapın ve hamburgerleri elle şekillendirin. Yağlanmış fırın tepsisine dizin.

3. Önceden ısıtılmış 180 derecelik fırında yaklaşık 30 dakika pişirin.

   veya altın kadar. İşlemin yarısında hamburgerleri bir spatula ile çevirin, böylece her iki tarafı da eşit şekilde kavrulur.

4. Tamam, ve bu inceliği istediğiniz gibi servis edin. Yanında bir tabak salata ile servis ettim. Hamburgerinizi ekmek, marul, domates ve kırmızı soğan dilimleri, salatalık, avokado, mayonez, ketçap ile birleştirmek istiyorsanız... Harika.

91. Avokadolu havuç ve susamlı burger

içindekiler
- 400 gr havuç (4 havuç)
- 1 yumurta
- 30 gr galeta unu (3 yemek kaşığı)
- 10 gr tahin (1 çay kaşığı)
- tuz

- biber
- 1 tutam öğütülmüş kimyon
- 1 tutam öğütülmüş kişniş
- 4 hafif çörek
- 30 gr salata kreması (2 yemek kaşığı)
- 40 gr ekşi krema (2 yemek kaşığı)
- 2 yemek kaşığı limon suyu
- 1 olgun avokado
- 2 yemek kaşığı bitkisel yağ•   1 kırmızı soğan
- 40 gr roka (demet)
- 80 gr mango chutney (4 yemek kaşığı)

Hazırlık adımları

1. Havuçları soyun ve kabaca rendeleyin. Yumurta, galeta unu ve tahin ezmesi ile dövülebilir bir hamur elde edene kadar yoğurun ve tuz, karabiber, kimyon ve kişniş ile tatlandırın.

2. Ruloları yatay olarak yarıya bölün ve önceden ısıtılmış fırın ızgarasının altındaki tel ızgara üzerinde, kesik yüzeyleri yukarıya bakacak şekilde altın kahverengi olana kadar kızartın. Kaldırın ve bir kenara koyun.

3. Marul kremasını ekşi krema ile karıştırın ve tuz, karabiber ve bir tutam limon suyu ile tatlandırın.

4. Avokadoyu ikiye bölün, çekirdeklerini çıkarın ve soyun, posayı dilimler halinde kesin ve kalan limon suyuyla karıştırın.
5. Hamuru 4 köfte haline getirin. Bir tavada yağı ısıtın. İçindeki köfteleri orta ateşte her iki tarafı altın sarısı olana kadar yaklaşık 6 dakika kızartın.
6. Soğanı soyun ve ince halkalar halinde kesin. Rokayı yıkayın ve döndürerek kurutun.
7. Marul kreması karışımını ruloların alt yarısına yayın ve avokado dilimleri ile doldurun. Her birinin üzerine 1 havuç köftesi koyun, soğan halkalarıyla kaplayın ve chutney ile çiseleyin. Roka ile örtün ve çörekleri üstüne yerleştirin.

92. Pancar ve cevizli yulaf ezmeli burger

bileşen
- 120 gr ince yulaf ezmesi
- 80 gr kaba yulaf ezmesi
- 4 yemek kaşığı keten tohumu ezilmiş
- 2 pancar (vakumlu)
- 360 ml pancar suyu
- 2 kırmızı soğan
- 2 diş sarımsak

- 3 yemek kaşığı kolza yağı
- 2 çay kaşığı hardal tohumu
- 2 çay kaşığı kişniş tohumu
- 4 tatlı kaşığı tatlı kırmızı biber tozu

- 200 ml sebze suyu
- 6 yemek kaşığı soya sosu
- 2 avuç roka
- 2 yemek kaşığı vegan margarin
- 3 tatlı kaşığı buğday unu türü 1050
- 5 yemek kaşığı maya gevreği
- 1 tatlı kaşığı hardal
- tuz
- Beyaz biber
- 1 tutam zerdeçal
- 4 hamburger ekmeği
- 2 çay kaşığı akçaağaç şurubu
- 20 gr ceviz içi yarısı

Hazırlık adımları

1. Yulaf ezmesi ve keten tohumunu bir kapta karıştırın. Pancarı süzün ve suyunu toplayın, pancar suyuyla toplam 360 ml'ye kadar doldurun. Soğanı ve sarımsağı soyun, 1 soğanı sarımsakla birlikte çok ince doğrayın, diğer soğanı halka halka doğrayın ve kenara alın.
2. 1 yemek kaşığı sıvı yağ ile bir tavada soğan ve sarımsak küplerini kızartın, tohumları havanda ezin ve soğanın üzerine kırmızı biber serpin. Kısa bir süre kızartın, ardından sebze suyu, pancar suyu ve soya sosu ile parlatın, kısaca

pişirin, yulaf ezmesini üzerine dökün ve 10 dakika bekletin.

3. Bu arada pancarı ince dilimler halinde kesin. Roka marulunu temizleyip yıkayın ve sallayarak kurutun.

4. Margarini bir tencerede eritin, unu bir çırpma teli ile karıştırın, 120 ml su ile deglaze edin. Maya pullarını hardal, tuz, karabiber ve zerdeçal ile karıştırın ve kaynatın. Kalın bir krema oluşana kadar kaynamaya bırakın.

5. Yulaf ezmesi karışımını 4 köfte haline getirin ve kalan yağla kaplanmış bir tavada orta ateşte yaklaşık 4 dakika pişirin, ters çevirin ve pişirmeyi bitirin.

6. Bu arada hamburger ekmeğini kızartın, maya eriyiğinin yarısını fırçalayın, pancar, soğan halkaları ve roka serpin, salatanın üzerine biraz akçaağaç şurubu gezdirin, üzerine yulaflı köfteleri yerleştirin, kalan maya eriyiği ve cevizleri serpin ve burger kapağını takın.

93. Hindi ve salatalık burgeri

içindekiler

- 600 gr hindi şnitzel
- 12 marul yaprağı
- 1 salatalık
- 6 yemek kaşığı mayonez
- 6 baget rulo (veya 1 büyük baget)
- tuz
- biber
- Tereyağı (kızartma için) hazırlanışı

1. Hindi ve salatalık burgeri için marul yapraklarını yıkayın ve kurulayın. Salatalık yıkanır ve dilimler halinde kesilir. Hindi şnitzelini tuz ve karabiberle tatlandırın. Yağı bir tavada ısıtın ve şnitzeli her iki taraftan 4-5 dakika kızartın.

2. Tavadan çıkarın ve şeritler halinde kesin. Baget ruloları uzunlamasına kesin ve ekmeğin alt yarısını mayonezle kaplayın. Üzerine marul yapraklarını ve salatalık dilimlerini koyun, üzerine hindi şeritlerini yayın ve bageti tekrar kapatın.

94. Hamburg klasikleri

içindekiler

- 600 gr dana kıyma
- 2 diş sarımsak
- tuz
- biber
- 1 yemek kaşığı Worcestershire sosu
- 1 soğan
- 2 domates
- 4 dilim kaşar peyniri (arzuya göre)

- 4 adet hamburger ekmeği
- 4 çay kaşığı domates ketçap
- Lahana Yaprakları
- 4 çay kaşığı hardal hazırlığı

1. Doğranmış, ezilmiş biber, tuz, sarımsak ve Worcestershire sosunu birlikte yoğurun. İyice baharatlayın ve bunlardan 4 hamburger oluşturun. Soğanı soyun ve halkalar halinde kesin. Domatesleri yıkayın, dilimler halinde kesin. Burgeri yaklaşık 15 dakika ızgara yapın. Üzerine peynir dökün ve yaklaşık 2 dakika kızartın. Ekmek rulosunu yarıya bölün, kesilmiş yüzeyi aşağı bakacak şekilde 1-2 dakika ızgara yapın. Altını domates ketçapıyla fırçalayın. Domates, soğan, marul, burger ve hardalla doldurun. Rulo üstlerini üstüne yerleştirin.

95. Akdeniz atıştırmalık burgeri

içindekiler

- 1 parça. Rulo ekmek (veya ciabatta)
- 1 yemek kaşığı roka pesto
- 100 gr beyaz peynir
- 2 yemek kaşığı ayvar

- 1 avuç roket
- tuz
- biberli zeytinyağı yapılışı

1. Snack burger için, topuzu kesin ve tabanı roka pesto ile kaplayın. Beyaz peynirle doldurun ve tuz ve karabiberle tatlandırın. Birkaç damla zeytinyağı ile gezdirin.

2. Üzerine ajvar ve taze roka sürün. Topuzun üst kısmı ile örtün.

96. Sarımsaklı mayonezli tavuk burger

içindekiler

Tavuk burger için:

- 4 adet tavuk göğsü filetosu
- 125 ml limon suyu
- 1 yemek kaşığı acı sos (tatlı)
- 4 dilim pastırma
- 4 hamburger ekmeği
- 4 marul yaprağı (yeşil)
- 4 kokteyl domates

1/2 dolmalık biber

Sarımsaklı mayonez için:

- 2 yumurta sarısı
- 2 diş sarımsak (ezilmiş)
- 1 yemek kaşığı Dijon hardalı
- 1 yemek kaşığı limon suyu
- 125 ml zeytinyağı hazırlanışı

1. Tavuk burger için limon suyu ve acı sosu sarımsaklı mayonez ile karıştırın ve tavuğun üzerine dökün. Bir kaseye koyun, örtün ve birkaç saat bekletin. Dolmalık biberi şeritler halinde kesin ve mayonez için yumurta sarısı, sarımsak, hardal ve limon suyunu mutfak robotunda karıştırın.

2. Makine çalışırken yağın ince bir akış halinde akmasına izin verin. Kremalı mayonez kadar karıştırın ve soğutun. Pastırma dilimlerini çapraz olarak ikiye bölün, tavuğu ve pastırmayı sıcak bir tavada 5 dakika kızartın.

3. Pastırmayı tavadan çıkarın ve eti ara sıra çevirerek 5-10 dakika kızartın. Marul, domates, tavuk, domuz pastırması ve kırmızı biber şeritleri ile dilimlenmiş burger çöreklerini doldurun.

4. Son olarak üzerine biraz sarımsaklı mayonez serpin ve topuzun üst yarısını kaplayın. Tavuk burgerini sarımsaklı mayonez ile servis edin.

97. Lüks biftek burger

İçindekiler
- 1 porterhouse bifteği (yaklaşık 1 kg)
- Deniz tuzu, kaba
- Hamburger ekmekleri
- 4 yemek kaşığı mayonez
- taze Biberiye
- Turp turşusu

Balzamik soğan için:
- 2 soğan
- 2 yemek kaşığı sıvı yağ

    5 yemek kaşığı balzamik sirke
- 1 yemek kaşığı şeker, kahverengi
- 1 tatlı kaşığı pul biber
- tuz biber

Hazırlık

5. Biftek, ızgaradan 30 dakika önce her iki tarafa da tuz serpilir. Biberiye mayonezini mayonez, taze biberiye (1 çay kaşığı doğranmış) ve bir tutam biberle karıştırın. ızgara

6. Izgara, doğrudan ve dolaylı ızgara için hazırlanmıştır. Biftek ilk önce yüksek, doğrudan ısıda her iki tarafta 3'er dakika ızgara yapılır. Ete güzel bir kabuk verir vermez, dolaylı tarafa doğru hareket eder ve istediğimiz pişme derecesine kadar çekeriz.

7. Bu sırada balzamik soğanlar hazırlanır. Yağ bir tavada kızdırılır, ardından soğanlar ilave edilir. Soğanlar biber, tuz, kırmızı biber tozu ve şekerle tatlandırılır. Soğanlar yarı saydam hale gelir gelmez balzamik sirkeyi tavaya dökün ve balzamik sirke soğanlar tarafından emilene kadar kısık ateşte kızartmaya devam edin.

8. Et hedef sıcaklığa ulaştığında - burada çekirdekte 55 ° C idi - dilimler halinde kesilir ve hafifçe biberlenir ve tuzlanır. Topuzun alt

yarısı biberiye mayoneziyle kaplanır, üstüne etler, balzamik soğanlar ve dilimlenmiş turplar konur - yapılır!

98. Falafel burgeri

içindekiler

falafel için:

- 125 gr nohut (önceden ıslatılmış)
- 1/2 soğan (kavrulmuş)

  1 diş sarımsak (dövülmüş)

  - 2 çay kaşığı maydanoz (doğranmış)

- 1/4 çay kaşığı kimyon
- 1/4 çay kaşığı kişniş
- 1/4 çay kaşığı kakule
- 1 tutam biber
- 1 yemek kaşığı un
- 1 yemek kaşığı susam
- 1/4 çay kaşığı tuz Kaplamak için:
- 2 hamburger ekmeği
- 2 domates (küçük)
- 4 yemek kaşığı iceberg marul (erişte kesilmiş)
- 4 yemek kaşığı kokteyl sosu hazırlanışı

4. Falafel burger için akşamdan ıslatılmış nohutları soğan ve sarımsakla birlikte doğramayın, baharatları, tuzu ve unu katıp yoğurun. 1 saat buzdolabında dinlendirelim.

5. Karışıma nemli ellerle 2 köfte şekli verin, susamda yuvarlayın ve 180 °C kızgın yağda kızartın.

6. Ruloları kesin ve açık kahverengi olana kadar kızartın, üstüne dilimlenmiş domates, marul ve kokteyl sosu ekleyin ve üzerine falafel dilimlerini yerleştirin ve rulonun ikinci yarısı ile örtün.

99. Peynir ve pide burgerleri

İçindekiler:
- 20 gr sandviç süzme peynir
- 4 domates
- 2 pide
- 2 yaprak yeşil marul
- 2 yemek kaşığı yağ
- 1 kırmızı soğan
- 0,5 su bardağı ılık su
- tuz
- biber

Burgerler için:
- 200 gr kıyılmış domuz eti

- 2 diş sarımsak

- 1 yumurta
- 1 çay kaşığı ince kıyılmış nane
- 1 çay kaşığı kuru kekik
- 0,5 çay kaşığı yenibahar hazırlığı:

3. Sebzeleri yıkayıp suyunu süzün. Salatayı bir tabağa koyun. Domatesleri dilimleyin. Soğanı soyun ve ince dilimler halinde kesin. Pide ekmeğini ılık suyla ıslatın, yağsız sıcak bir tavaya koyun ve her iki yüzünü 40 saniye kızartın. Kızarmış marulu ekleyin.

4. Burgerleri hazırlayın: Kıymayı bir kaseye koyun, doğranmış nane, kuru kekik, öğütülmüş yenibahar ekleyin, bir tutam tuz ve karabiberle tatlandırın ve bir yumurta ekleyin. Her şeyi elle yoğurun, ardından pirzola haline getirin. Her şeyi bir tavada sıcak yağa koyun ve her iki tarafta altın kahverengi olana kadar kızartın. Kızartılanları ocaktan alıp malzemelere ekleyin. Daha sonra üzerine sandviç peynirini ve doğranmış sebzeleri ekleyin.

100. Hellim burger

içindekiler

- 2 ciabatt
- 250 gr Hellim
- 1 avokado
- 1/2 limon
- 2 yemek kaşığı zeytinyağı
- 2 domates
- tuz
- Zeytinyağı (kızartma için) hazırlanışı

1. Hellim burger için önce avokadoyu uzunlamasına kesin, çekirdeğini çıkarın, bir kaşıkla posasını sıyırın ve küçük bir kaseye koyun. 2 yemek kaşığı zeytinyağı, yarım limonun suyu ve kabuğu rendesi ve bir tutam tuz ile krema kıvamına gelene kadar karıştırın.

2. Ciabatta'yı çapraz olarak kesin ve her iki yarısını avokado kremasıyla fırçalayın.
3. Hellimleri dilimler halinde kesin ve yapışmaz yüzeyli bir tavada az zeytinyağında çıtır çıtır olana kadar kızartın.
4. Peyniri ciabatta yarımlarının üzerine yayın, domates dilimleri ile kaplayın ve katlayın.
5. Hellim burgerini sıcak olarak servis edin.

ÇÖZÜM

Burger tarifleri bazen hızlı ve klasik, bazen rafine ve yeni yaratılmış: İşte lezzetli hamburgerleri evde kolayca bu şekilde yapabilirsiniz!

www.ingramcontent.com/pod-product-compliance
Lightning Source LLC
Chambersburg PA
CBHW070653120526
44590CB00013BA/937